Heinrich Pleticha

So war's einmal

Die Alltagswelt der Kinder im vorigen Jahrhundert

Esslinger im ÖBV

 1 2 3 4 5 (14208)
ISBN 3-215-07465-6
PRINTED IN SPAIN

Wie im Märchen?

„Es war einmal ..." – so beginnen viele unserer Märchen. Wir können diese Worte auch als Motto über die folgenden Bilder und Texte setzen. Aber ist es wirklich wie in einem Märchen, was wir hier zu sehen und zu lesen bekommen? Es ist ja tatsächlich kaum zu glauben, daß das vor rund hundert Jahren einmal alles Wirklichkeit gewesen sein soll, die wohlgesitteten Kinder in Matrosenanzügen und Rüschenkleidchen, die bescheidenen Vergnügen und Spiele, die schönen leeren Straßen mit den Postwagen und den Fuhrwerken, die Marktbuden, die gemütliche Eisenbahn und die ersten Radfahrer. Fast könnte man sich zurücksehnen in diese vergangene Welt der Großeltern und Urgroßeltern, die so begrenzt und so still schien. Auch die Geschichten und Erinnerungen wissen da manches zu erzählen, und zusammen ergibt das ein recht reizvolles Bild.

Aber eigentlich ist das nur der Ausschnitt eines Bildes; denn wir sollten nicht übersehen, daß die vergnüglichen Streifzüge durch die bunte Kinderwelt der Bilderbogen und der Kindergeschichten nur einen Teil des Alltagslebens spiegeln, daß es in dieser scheinbar so schönen und heilen Welt auch die dunklen Seiten und Spannungen gab, die zwar in den Geschichten manchmal, in den Bildern allerdings nie spürbar werden. Trotzdem sind die folgenden Seiten eine vergnügliche und interessante Fundgrube für Jung und Alt, für alle, die gern wissen möchten, wie es früher einmal war – und sei es auch nur an Sonnentagen.

Hinweis: Die Erklärungstexte (soweit nötig) zu den 55 Bildtafeln stehen jeweils in den linken Spalten der danebenliegenden Textseiten.

Die Welt auf bunten Bilderbogen

Bauernalltag

Der Bauer hat eine Fuhre Stallmist herangefahren, die nun mit Hilfe von Mistkiepe und Harke auf dem Feld verteilt werden muß. Im Hintergrund (links) wird in den Weinbergen gearbeitet.

Wie haben wir es heute doch so bequem. Ein Knopfdruck genügt, und schon holen wir uns über den Fernseher die Welt ins Zimmer. Begegnungen mit fremden Ländern, mit Tieren in der freien Wildbahn, mit berühmten Bildern, historischen Ereignissen, mit Spiel, Sport, Alltag, Politik sind so selbstverständlich geworden, daß wir die Fülle des Gebotenen, die Überbrückung von Raum und Zeit, gar nicht mehr richtig würdigen und mehr gelangweilt als staunend in uns aufnehmen.

Kaum vorstellbar, daß es vor dreißig Jahren noch kein Farbfernsehen gab, vor sechzig Jahren das Kino noch gewissermaßen in den Kinderschuhen steckte, die „Illustrierten Zeitschriften" die Bildreportagen lieferten. Vor hundert Jahren genügten die Bildreihen des „Weltpanoramas", der damals modernen Form des Guckkastens, um Ausflüge in die Ferne zu unternehmen, und glücklich der Junge, der eine eigene „Laterna Magica" besaß, jene Zauberlaterne, mit deren Hilfe sich Glasbilder an die weiße Wohnzimmerwand projizieren ließen. Und wenn es auch immer wieder die gleichen 20 oder 30 Bilder waren, so nahm doch die ganze Familie im verdunkelten Zimmer begeistert Anteil an den Ausflügen in exotische Welten, ins Märchenland oder in die Geschichte. Aber nicht jede Familie konnte sich diesen Vorläufer unserer modernen Projektoren leisten, und ein „Panorama" gab es auch nicht in jeder Stadt. Einen gewissen Ersatz boten dann in den Dörfern und kleinen Städten jene bunten Bilderbogen, die schon im 18., vor allem aber im 19. Jahrhundert die ganze Welt ins Haus holten. Sie richteten sich gleichermaßen an Erwachsene wie an Jugendliche und Kinder, waren Vorläufer unserer heutigen Illustrierten, je nach Bedarf Bilderbuch oder Sachbuch, ersetzten Geschichtsbücher, Modezeitungen und Märchenbücher, dienten als Spiele, als Kulissen für Papier- und Marionettentheater, als Bastel- und Ausschneidebogen. Sie waren sozusagen die armen, wenig geachteten Verwandten der vornehmen Bücher und Druckwerke, wie sie sich nur reiche Familien leisten konnten, aber sie fanden dafür einen weitaus größeren Leserkreis – und bereiteten wahrscheinlich trotz ihres bescheidenen Äußeren auch weit mehr Freude!

Schon seit dem Ende des 18. Jahrhunderts hatten sich verschiedene kleinere Drucker und Verleger auf die Herstellung solcher Bilderbogen spezialisiert, druck-

1886

20

Verlag von J. F. Schreiber in Esslingen.

Unterrock rot
Kleid blau

~~Nro 775~~ No 776

Kindervergnügen

Die Bilder von kindlichen Vergnügungen, wie das Füttern von Tieren, das Blindekuhspiel, Lesen, Drachensteigen, Ballspiel oder Armbrustschießen werden umrahmt von Abbildungen von Tieren und häuslichen Gegenständen im bunten Durcheinander.

ten sie ursprünglich als Holzschnitte, dann als Steindrucke, sogenannte Lithographien, verkauften sie entweder einfarbig oder ließen sie in häuslicher Arbeit in einfacher Art colorieren, weil sie auf diese Weise noch besseren Absatz fanden und höhere Preise erzielten. Alles in allem aber waren diese Blätter leicht erschwinglich und daher von Alt und Jung gleichermaßen zu erwerben.

Zu den bekanntesten Herstellern solcher Bilderbogen gehörten Gustav Kühn in dem kleinen Ort Neuruppin in der Mark Brandenburg, Gustav Scholz in Mainz, Winckelmann und Söhne in Berlin oder Friedrich Campe in Nürnberg. Zu ihnen gesellte sich seit 1835 in Esslingen am Neckar die Firma J. F. Schreiber. Zwar war die Konkurrenz groß, aber das Geschäft lief gut, denn die Nachfrage war hoch. Aber Schreiber beschränkte sich, im Gegensatz zu anderen Unternehmen, von vornherein auf die lehrhaften Anschauungsbilder für Kinder und Jugendliche. Bilderbogen dieser Art waren nichts Neues. Sie brachten Darstellungen von Pflanzen, Tieren, Menschen der verschiedenen Rassen, gelegentlich auch Landschaftsansichten und historische Motive, vor allem aber auch Alltagsszenen aus der kindlichen Umwelt, vom Bauernhof, aus dem Garten, aus Bürgerhäusern, von der Straße und – besonders beliebt – Szenen aus den verschiedenen handwerklichen Berufen. Natürlich deckten sie auch den damals gar nicht so weiten Bereich des kindlichen Vergnügens ab, die Jahrmärkte, Menagerien und Tierdressuren, die Kinderspiele im Sommer und Winter. Gleichermaßen belehren und unterhalten wollten solche Bogen. Deshalb hieß es in einer Werbeanzeige „für Schule und Haus“, und noch 1898 lesen wir bei einer Serie, sie werde „aufs angelegentlichste Lehrern an den verschiedenen Lehranstalten ebenso wie Familienvätern empfohlen“.

Während aber die alten Verlage wie Kühn und Campe das Schwergewicht ihrer Produktion auf Einzelblätter legten, deren Inhalt vom aktuellen Tagesgeschehen ebenso geprägt war wie vom Geschmack eines breiten Publikums oder gar vom Zufall, ging Schreiber systematisch vor und brachte neben Einzelblättern ganze Serien wie etwa „Dreißig Werkstätten der Handwerker. Nebst ihren hauptsächlichsten Werkzeugen und Fabrikaten“. Solche Serien, deren Blätter natürlich auch einzeln gekauft werden konnten, nah-

J. F. Schreiber in Esslingen.

No. 30

Post und Eisenbahn

Hier hat die Moderne schon Einzug gehalten. Während vorn (links) noch eine der letzten Postkutschen zur Personenbeförderung dient, fahren im Mittel- und Hintergrund die Personenzüge der Bahn. Güter werden noch im Planwagen befördert. Der sportliche Herr vorn läßt sich auf dem Hochrad, einem Vorläufer des Fahrrades, bewundern.

men eine Mittelstellung zwischen den bisher üblichen Bilderbogen und den Kinder- bzw. Schulbüchern ein. Die Zusammenfassung in Serien kam auch dem Sammeltrieb der Kinder entgegen. Die dreißig Handwerker-Blätter kosteten beispielsweise als Serie 2 Taler oder 3 Gulden 36 Kreuzer. Ein Blatt kostete also rund 11 Kreuzer, das entspricht etwa 22 Pfennigen. Es war wenig, aber im Hinblick auf die Kaufkraft auch wiederum nicht ganz billig. Aber immerhin war ja die Ausführung und Druckqualität besser als bei den üblichen Bilderbogen. Der Verlag verfügte über handwerklich und künstlerisch gleichermaßen erfahrene Illustratoren. Noch heute bestechen die meisten Bilder in ihrer Ausführung, und es bereitet Freude, die liebevoll gezeichneten Einzelheiten aufzuspüren.

Der Verlag begnügte sich aber nicht mit diesem einen Schwerpunkt, sondern setzte sehr bald ebenso erfolgreich einen weiteren, indem er noch zahlreiche sogenannte Kinderbilderbogen herausbrachte, wie wir sie auf den folgenden Seiten in reizvollen Beispielen kennenlernen. Im Mittelpunkt standen dabei das Alltagsleben und die Kinderwelt, sei es auf figürlichen Einzelbogen zum Betrachten, sei es auf Bogen mit kleinen Szenen oder Einzelfiguren zum Ausschneiden. Solche Ausschneidebogen spielten bei den Kindern eine große Rolle und waren sehr beliebt. Ganze Kompanien von Soldaten ließen sich ausschneiden, in kleine Holzklötzchen klemmen und als Spielersatz für die wesentlich teureren Zinn- oder Bleisoldaten verwenden. Menagerien und zoologische Gärten konnten eingerichtet werden, für Weihnachten ließen sich Krippen bauen, für die kalten Wintertage Ofenräder aus Papier basteln, und es gab Puppen zum Anziehen mit reichhaltiger Papier-Garderobe. Schließlich konnte man die bunten Bildchen einfach ausschneiden, in Bücher legen, auf selbstgebastelte Buchumschläge oder in Poesiealben kleben. Als eine Besonderheit, mit der sich dieses Buch nicht näher beschäftigt, brachte der Verlag J. F. Schreiber noch Theater-Bilderbogen mit Dekorationen und Figuren, so daß sich billig und bequem eine Theateraufführung im Wohnzimmer arrangieren ließ.

Obwohl es sich bei all diesen Bilderbogen also sozusagen um rasch vergängliche Gebrauchsware handelte, war die künstlerische und handwerkliche Qualität doch erstaunlich. Die Bogen wurden im

24. Die Post und die Eisenbahn.

Walther, Bilder zum Anschauungs-Unterricht. I.

Verlag von J. F. Schreiber in Eßlingen bei Stuttgart.

Auf der Straße

Ein typischer Ausschneidebogen mit Figuren zum Aufstellen (die roten Dreiecke dienen dabei als Stützen). Das etwas gefährliche Hochrad von Seite 13 ist bereits vom Niederrad abgelöst, das nun auch Damen in sportlichen Pluderhosen benutzen. Die Milchmänner und -frauen brachten früher die Milch vom Bauern direkt bis vor die Haustür.

Steindruck hergestellt, d.h. die Bilder mußten in einem recht komplizierten Verfahren auf Steinplatten gezeichnet werden, die dann als Druckplatten dienten. Man hat diese kleinen und großen Bilder bisher eigentlich viel zu wenig beachtet. Gewiß ist vieles etwas verniedlicht, sie spiegeln eine etwas idealisierte Welt. Trotzdem sind sie wichtige Zeugnisse des Alltags- und Kinderlebens im 19. Jahrhundert. Man muß nur lernen, einmal richtig hinzusehen, dann löst sich das scheinbar bunte Durcheinander in ein reizvolles Nebeneinander auf, ganz gleich, ob es sich um Gesamtdarstellungen wie etwa „Das Dorf", „Auf dem Marktplatz", „Weihnachten", „Badefreuden" handelt oder um Ausschneidebogen wie „Berufsfeuerwehr", „Jahrmarkt", „Im Hause". Alle liefern geradezu köstliches Anschauungsmaterial, fast jede Figur ist liebevoll gezeichnet, reizt zum Ausschneiden und Aufstellen, und wir entdecken eine Fülle von kulturgeschichtlichen Einzelheiten, vor allem über Mode, aber auch über das häusliche Leben, die Einrichtung, über Alltagsarbeit, Verkehr, Kinderspiele und Vergnügen. Nur einen kleinen Nachteil haben diese bunten Bogen – ihnen fehlt ein begleitender Text. Für den Betrachter wird die Alltags- und Kinderwelt so lebendig, wie sie der Künstler gesehen hat. Das ist eine durchaus sehenswerte Welt, aber es gibt auch noch andere Möglichkeiten des Betrachtens – und des Erinnerns. Denn die Welt von gestern können wir rückblikkend aus der Welt von heute erleben, aber auch unmittelbar aus den vielfältigen Aussagen und Berichten von Zeitgenossen.

Nun hat diese Betrachtungsweise Vor- und Nachteile zugleich. Zum einen können die Berichte und Erinnerungen sehr lebendig und sehr farbig sein, zum andern liegt aber auch oft eine gewisse Einseitigkeit in den Schilderungen. Bekanntlich hatte schon Johann Wolfgang von Goethe seinen Lebenserinnerungen den Untertitel „Dichtung und Wahrheit" gegeben, und beide liegen ja auch eng nebeneinander. Sicher steckt in jeder Erinnerung eine Portion Wahrheit, aber zwischen den Ereignissen und ihrer Schilderung sind oft viele Jahre vergangen, manches verklärt sich, anderes wieder wird nachträglich einseitiger gesehen, ungewollt schleichen sich Irrtümer ein, gewollt Beschönigungen. Trotzdem mindert das nichts am Vergnügen, mit dem

Bilder zum Ausschneiden und Aufstellen.
Straßenleben.
La vie en ville.
Feuilles d'images à découper.
24
Die Dreiecke dienen als Aufstellvorrichtung. Die punktierten Linien werden geritzt, der breite Teil umgebogen und der schmale Teil an die Rückseite der Figuren geklebt.
J. F. S. i. E. Nr. 367

man solche Erinnerungen „aus Erster Hand“ liest. Eine Kinderwelt erschließt sich in ihnen, nicht immer so ausgeglichen und idyllisch wie in den Bilderbogen, eine Kinderwelt, die helle und dunkle Seiten zeigt, Kinderglück und -freude, aber auch Kindernot und -elend.
Doch auch Kinderbücher spiegeln die Kinderwelt. Das wurde bisher viel zu wenig beachtet. Gleichgültig, ob es der Alltag auf dem Lande oder in der Kleinstadt ist, ob es die Spiele mit Puppen sind, die Ausflüge und Reisen, kleinere und größere Sorgen, aber auch echte Not und tiefes Leid, die Gegensätze von arm und reich, von alldem erzählen die meist so unscheinbaren, häufig zerrissenen, abgegriffenen und zerlesenen Büchlein. Aber sie sind meistens besser als sie aussehen und besser als ihr Ruf. Gewiß bieten sie im allgemeinen keine bedeutenden und bleibenden literarischen Leistungen, aber sie sind ein Stück ihrer Zeit, und es lohnt sich immer noch, sie kennenzulernen, heute vielleicht mehr denn je; denn wir besinnen uns ja wieder auf die Welt der Großeltern und Urgroßeltern.
Was also lag näher, als die fehlenden Texte zu den Bilderbogen durch einige Beispiele aus Erinnerungen und alten Kinderbüchern zu ersetzen. Gewiß ergeben sich dabei keine direkten Zusammenhänge, aber gemeinsam gewähren beide, Bilderbogen wie ausgewählte Texte, schon einen gewissen Einblick in die Kinderwelt des vorigen Jahrhunderts.

Städtische Küche

Es ist die Küche eines wohlhabenden bürgerlichen Haushalts; denn die Familie verfügt über ein Dienstmädchen und eine Köchin. Das besagt allerdings nicht viel, da „Dienstboten“ billig waren. Zwar wird hier noch auf dem Feuerherd gekocht, der auch warmes Wasser liefert, aber es gibt bereits eine Gasleitung (ganz rechts an der Wand).

5. Die städtische Küche.

Stadt und Land

Kinderspiele

Groß war die Abwechslung nicht: Blindekuh und Ringelreihen, Soldatenspiel und – nur für Jungen! – das Baden im Dorfbach oder in der „Badeanstalt“.

Stadt und Land als Schauplätze scheinen sich auf den Bilderbogen etwas ungleich zu verteilen. Die meisten Szenen und Einzelbilder gehören in Dörfer oder biedere Kleinstädte, die große Stadt dagegen tritt zurück, Industrialisierung und moderner Verkehr sind nur in Ansätzen spürbar. Das ist keineswegs auf eine besondere Vorliebe der Bilderbogenhersteller für eine idyllische, heile Welt zurückzuführen, hier paßt sich viel eher das Angebot durchaus den tatsächlichen Verhältnissen und der Entwicklung an.

In der ersten Hälfte des 19. Jahrhunderts lebten noch mehr als zwei Drittel der deutschen Bevölkerung in Landgemeinden unter 2000 Einwohnern. Das restliche Drittel verteilte sich überwiegend auf Kleinstädte zwischen 2000 und 5000 Bewohner, eine Stadt mit 10.000 Einwohnern galt schon als groß, echte Großstädte über 100.000 gab es um die Mitte des Jahrhunderts nur fünf, nämlich Berlin, Hamburg, Breslau, München und Dresden, gegen Ende waren es schon über 30. Die zunehmende Industrialisierung wird auf einzelnen Bogen erfaßt, mehr noch die rasche verkehrstechnische Entwicklung. Gleichzeitig mit den Modelleisenbahnen, die etwa seit 1870 in den Kinderzimmern auftauchen, bringen auch die Bilderbogen im letzten Drittel des Jahrhunderts Lokomotiven, Personen- und Güterwagen „zum Ausschneiden und Aufstellen“ und halten so mit der rasanten technischen Entwicklung Schritt. Aber auch Pferdestraßenbahn, Auto, Autobus und sogar Ozeandampfer, Flugzeug und Zeppelin tauchen schon auf.

In den Kindheitserinnerungen und Kinderbüchern liegen die Verhältnisse ähnlich; schließlich wuchsen damals die meisten Kinder in Dörfern und Kleinstädten auf. Das war für sie die bekannte und gewohnte Umgebung. Das Gedicht von Robert Reinick (1805–1852) „Das Dorf“ ist nun schon fast 150 Jahre alt, doch schildert es, auch heute noch unübertroffen, Kinderfreuden auf dem Dorfe. Gedichte dieser und ähnlicher Art für Kinder waren früher einmal weit zahlreicher als heute. Wir begegnen ihnen in Büchern, Kinderzeitschriften und Lesebüchern. Sie sind, wie unser Beispiel zeigt, oft zu Unrecht vergessen, spiegelt sich doch in ihnen, wie in den Erzählungen, Kinderleben und Kinderalltag.

Eine der bekanntesten Dorfgeschichten vor allem für Mädchen war die 1881 erschienene „Heidi“ der großen Schweizer

Januar 1882

9973 Lp 26

LES: E Nro. 37

Textilverarbeitung

Der Anschauungsbogen zeigt das Aufbereiten von Flachs für Leinenerzeugung (II), das Pressen und Formen von Filz, das Atelier einer Modistin, die vornehme Damenhüte und -hauben herstellt (V), die Werkstatt eines Herrenschneiders (I) und die Herstellung von modischem Beiwerk (VI). Unten sehen wir die Fertigung von Bändern (VII) und die Herstellung von Hüten (VIII, IX).

Erzählerin Johanna Spyri (1827–1901). Das Waisenmädchen Heidi wächst in einem abgelegenen Alpendorf bei ihrem Großvater auf und hat nur den Geißenpeter als Freund, bis sie als Spielkameradin der gelähmten Klara nach Frankfurt kommt. Wie es ihr gelingt, dieser zu helfen, haben unzählige Mädchen mit heißen Wangen gelesen und dabei zugleich ein Stück jenes dörflichen Lebens kennengelernt, wie es für die Erwachsenen die damaligen Heimatromane schilderten. „Heidi" ist bis zum heutigen Tag ein beliebtes Mädchenbuch geblieben und hat durch Film und Fernsehen neuerdings noch einmal an Beliebtheit und Bekanntheit gewonnen.

Zwei Idyllen aus Kleinstadt und Dorf, zwischen denen kaum ein großer Unterschied bestand, zeichneten die Pfarrer Heinrich Hansjakob (1837–1916) und Georg Christian Dieffenbach (1822–1901), der eine in seinen Erinnerungen, der andere in einer Erzählung. Hansjakob liefert zugleich einen hübschen Beleg dafür, wie schwierig es noch vor 150 Jahren war, sich ein paar Kreuzer Taschengeld zu verdienen. In der Schilderung des Kirchweihsonntags in einem mittelfränkischen Dorf läßt Dieffenbach die ganze behäbige Gemütlichkeit eines dörflichen Festtages lebendig werden.

Es wäre aber falsch, wollte man annehmen, daß Erzählungen wie Erinnerungen nur die idyllische Seite dörflichen und kleinstädtischen Lebens aufzeigen. Die Beispiele im Kapitel „Arm und reich" unseres Buches beweisen nur allzu deutlich, welche Not und welches Elend oft gerade auf dem Lande herrschten.

Steht ein Kirchlein im Dorf,
Geht der Weg dran vorbei,
Und die Hühner die machen
Am Weg ein Geschrei.

Und die Tauben die flattern
Da oben am Dach,
Und die Enten die schnattern
Da unten am Bach.

Auf der Brück' steht ein Junge,
Der singt, daß es schallt,
Kommt ein Wagen gefahren,
Der Fuhrmann der knallt.

Und der Wagen voll Heu
Der kommt von der Wiese,
Und oben darauf
Sitzt der Hans und die Liese.

II
IV
III
V
I
VI
VII
VIII
IX

In der Bauernstube

Die Stube diente gleichermaßen zum Wohnen wie zum Schlafen. Die Fenster lassen sich abends mit „Rollos“, auf denen Bilder abgedruckt waren, verdunkeln. Der beliebteste Platz im Winter war die Bank am Kachelofen.

Die jodeln und juchzen
Und lachen alle beid',
Und das klingt durch den Abend,
Es ist eine Freud'!

Und dem König sein Thron
Der ist prächtig und weich,
Doch im Heu zu sitzen,
Dem kommt doch nichts gleich!

Und wär' ich der König:
Gleich wär' ich dabei
Und nähme zum Thron mir
Einen Wagen voll Heu.

Robert Reinick (1805–1852)

Vor Entzücken über all die flimmernden winkenden Blümchen vergaß Heidi sogar die Geißen und auch den Peter. Es sprang ganze Strecken voran und dann auf die Seite, denn dort funkelte es rot und da gelb und lockte Heidi auf alle Seiten. Und überall brach Heidi ganze Scharen von den Blumen und packte sie in sein Schürzchen ein, denn es wollte sie alle mit heimnehmen und ins Heu stecken in seiner Schlafkammer, daß es dort werde wie hier draußen. – So hatte der Peter heut' nach allen Seiten zu gucken, und seine kugelrunden Augen, die nicht besonders schnell hin- und hergingen, hatten mehr Arbeit, als der Peter gut bewältigen konnte, denn die Geißen machten es wie das Heidi: sie liefen auch dahin und dorthin, und er mußte überallhin pfeifen und rufen und seine Rute schwingen, um wieder alle die verlaufenen zusammenzutreiben.
„Wo bist du schon wieder, Heidi?“ rief er jetzt mit ziemlich grimmiger Stimme.
„Da“, tönte es von irgendwoher zurück. Sehen konnte Peter niemand, denn Heidi saß am Boden hinter einem Hügelchen, das dicht mit duftenden Prünellen besät war; da war die ganze Luft umher so mit Wohlgeruch erfüllt, daß Heidi noch nie so Liebliches eingeatmet hatte. Es setzte sich in die Blumen hinein und zog den Duft in vollen Zügen ein. „Komm nach!“ rief der Peter wieder. „Du mußt nicht über die Felsen hinunterfallen, der Öhi hat's verboten.“
„Wo sind die Felsen?“ fragte Heidi zurück, bewegte sich aber nicht von der Stelle, denn der süße Duft strömte mit jedem Windhauch dem Kinde lieblicher entgegen.
„Dort oben, ganz oben, wir haben noch weit, drum komm jetzt! Und oben am höchsten sitzt der alte Raubvogel und krächzt.“
Das half. Augenblicklich sprang Heidi in die Höhe und rannte mit seiner Schürze voller Blumen dem Peter zu.

Feldarbeit

Während der Bauer und die Knechte das Getreide mit den Sensen mähen, müssen es die Mägde abnehmen, zu Garben binden und diese zum Trocknen zu Kornpuppen oder -männlein zusammenstellen.

„Jetzt hast genug", sagte dieser, als sie wieder zusammen weiter kletterten; „sonst bleibst du immer stecken, und wenn du alle nimmst, hat's morgen keine mehr." Der letzte Grund leuchtete Heidi ein, und dann hatte es die Schürze schon so angefüllt, daß da wenig Platz mehr gewesen wäre, und morgen mußten auch noch da sein. So zog es nun mit dem Peter weiter, und die Geißen gingen nun auch geregelter, denn sie rochen die guten Kräuter von dem hohen Weideplatz schon von fern und strebten nun ohne Aufenthalt dahin.

Johanna Spyri (1827–1901)

Ach wie schwer erwarb damals ein Kind nur einen Kreuzer oder Groschen.
Wie verdiente ich meine Kreuzerlein? Am Namenstag bekam ich von Vater, Mutter und Großmutter je einen neuen Kreuzer; hie und da gab ein fremder Fuhrmann für Kommissionen zum Schmied oder Sattler einen Kreuzer, oder am Jahrmarkt ein Krämer für Beihilfe, um seine Bude aufzuschlagen, eine Kupfermünze. Oder der Gerber Aiple zahlte für gestampfte Lohkäse zwei Kreuzer. Den höchsten Lohn, der mir deshalb unvergeßlich ist, gab mir der alte Amtsrevisor Ganter, dem ich einmal einen Brief nach dem zwei Stunden entfernten Städtchen Zell am Harmersbach tragen mußte. Er honorierte mich mit einem Sechsel.
Der nobelste Geber aber für uns Knaben war der bayerische Schweinehändler, der im Sommer jeden Jahres seine Herde in's Städtle trieb und im „Engel" einstellte. Sofort sandte er die Buben der Nachbarschaft als Herolde in die Straßen, jeden in ein besonderes Stadtviertel. Im Galopp ging's ab, und bald erscholl in allen Gassen von helltönenden Knabenstimmen der Lockruf an die Ohren der ehrsamen Bürger:

Wer will Sau kaufen,
Der soll in Engel laufen.
Borgs bis Martini!

Beim dritten Kinderhimmel! Kein Herold des Altertums und kein Wappenkönig der Turnierzeit war stolzer, glücklicher, und von seinem Amt eingenommener als wir, wenn wir den Männern am Kinzigstrand verkünden konnten, daß der Schweinehändler „in's Land gekommen sei"!
O Jugendzeit und Jugendglück! Wir Knaben waren nichts denn die Gesandten eines Schweinehändlers, aber wie jubelte unser Herz, wenn wir den Mann einziehen sahen oder hörten: „Er ist da!"
Und erst der Lohn!? – ein Groschen, Silber-

14. Das Feld zur Zeit der Ernte.

geld nach dem ewigen Kupfer des Jahres, Silbergeld wenigstens einmal innerhalb zwölf Monaten.

Heinrich Hansjakob (1837–1916)

Kirchweihsonntag!
Festlich geputzte Leute auf sonntäglich vereinsamten Landwegen Bullendorf zustrebend. Kirchweihgäste, junge und alte. Aus lieber Verwandtschaft in den Nachbarorten: Gülchsheim, Lindelbach, Sommerhausen, Wiesenbronn, Michelfeld, Obernbreit. – Vor den Hoftoren schon grüßender Zuruf: „Der Herr Vetter! die Frau Base! das junge Bäsle!"
Hände strecken sich entgegen, gute, treue Arbeits- und Freundschaftshände aus ewigen Blutesbanden. Alte Grußformeln, selten mehr gehört, werden lebendig und von treuherzig fröhlichen Mienen umstrahlt: „Gesundheit ist mir lieb, Frau Bas'!" –
„Mir auch, Herr Vetter, die ganze Verwandtschaft läßt grüßen." „Die Kinder, o wie sind die herangewachsen!"
Die Bäuerin Christine-Bäbi und Bastelsbüttner zusammen auf der Treppe mit den Kindern, neuausstaffiert von Kopf bis zu Fuß, der Bauer Adam vor dem Tor, den Gästen entgegen. Die Gesichter glühen vor Erwartung.
Jetzt führt er sie lachend herein. „Da bring ich unsere Rotenburger, ihr kennt sie nimmer, so dick und rund sind sie geworden!"
„Grüß Gott, grüß Gott!"
„Wie heißen denn die kleinen Vettern?"
Christine-Bäbi stellt vor: „Das ist der Jörg-Michel, der geht nächstes Jahr schon in die Schule, das ist der Hans-Michel, der ist zwei Jahr jünger."
Adam erklärt glückselig: „Wir sagen nur der Große und der Kleine, oder der Weiße und der Schwarze."
Der Herrle macht seinen lustigen Witz: „Jawohl, der Weiße und der Schwarze, die Scheckigen sind unterwegs, mit denen wartet die Christine-Bäbi zur nächsten Kirchweih auf."
Christine-Bäbi hält ihm den Mund zu. „Gib eine schöne Patschhand, Jörg-Michel, du auch, Hans-Michel! So ist's recht!" „Ein paar feste Buben, dem Vater wie aus dem Gesicht geschnitten. Das gibt einmal brave Soldaten!"
„Kommt jetzt nur herein," drängt Adam, „sonst meinen die Rotenburger, wir wohnen unter freiem Himmel wie die Zigeuner –" und alle lachen und treten fröhlich ein.
Hausflur und Stubenboden blitzblank gescheuert, die Wände frisch getüncht. Der Tritt knirscht festtäglich auf dem feinen wei-

Bauernarbeit

Der Ausschneidebogen zeigt den Bauern und das Gesinde bei der Grasmahd. Sollte das Gras als Frischfutter dienen, hat man es schon früh am Morgen eingeholt, sonst wurde es auf der Wiese ausgebreitet, getrocknet, gewendet und dann als Heu eingefahren.

Verlag von J. F. Schreiber in Esslingen bei Stuttgart.

Nro. 305.

Straßenverkehr

Der aufregende Verkehr in der modernen Großstadt. Hier verkehren noch der Pferdeomnibus (links) und die Pferdestraßenbahn auf Schienen (rechts). Die elektrische Straßenbahn, wie sie die Bilder auf den Seiten 15 und 31 zeigen, ist noch nicht eingeführt.

ßen Sand. Vom sorgfältig gedeckten Tisch winken Kannen und Gläser zum Willkommentrunk. Daneben zinnerne Platten hochgehäuft mit Backwerk: Speckkuchen, Käsplatz, Zwetschgenplatz, Apfelplatz – alles reichlich mit Zimt und Zucker bestreut – und Bullendorfs leckerster Leckerbissen: Zwiebelplatz.
Und nun Ablegen der Schirme, Stöcke, Taschen, Körbchen, Hüte, Hauben – wiederholtes Händeschütteln und Begrüßen: „Willkommen! Gesundheit ist mir lieb!“ und jetzt bequem gemacht und zugegriffen. Christine-Bäbi: „Ihr Stadtleut müßt halt vorlieb nehmen, wir auf dem Land können es nicht so gut machen. Na, – jetzt erzählt, wie geht's denn in Rotenburg? Immer gutes Geschäft?“
Und Adam füllt die Gläser: „Prost! Das ist unser Meistertrunk. Und wenn ich Bürgermeister von Rotenburg wär', er könnt' mir nit besser schmecken! Zum Wohlsein!“ Die Gläser klingen: „Zum Wohlsein! Zur Gesundheit!“ So dorfauf, dorfab, überall, wo liebe Kirchweihgäste eingekehrt.
Georg Christian Dieffenbach (1822–1901)

Waren die frühen Bilderbogen mit ihren kleinen Bildchen noch stärker ländlich orientiert, so tauchten vor allem im letzten Drittel des 19. Jahrhunderts häufiger Motive aus der städtischen Umwelt auf. Wo aber sind die Grenzen zu ziehen zwischen dem Dorf und der Kleinstadt mit dörflichem Charakter und der Mittel- und Großstadt? Die meisten Kinder sind städtisch gekleidet, die Mädchen vor allem könnten Modejournalen der Zeit entsprungen sein. Die bürgerliche Welt begegnet uns nun natürlich auch stärker in den Kinderbüchern dieser Zeit. Der bekannte Maler Ludwig Richter (1803–1884) erzählt vom großväterlichen Kaufladen in Dresden. Es ist der älteste Text unserer Auswahl, – er führt an den Beginn des 19. Jahrhunderts zurück –, an den Verhältnissen hat sich dann aber in den nächsten Jahrzehnten nicht allzuviel geändert. Merkwürdigerweise begegnet uns so ein Kram- oder Kolonialwarenladen, so seine spätere Bezeichnung, in keinem der Bilderbogen, obgleich er ein Hort vieler Kinderwünsche war. Hier gab es nicht nur Lebensmittel aller Art in Kästen, Tonnen und Töpfen zu kaufen, sondern auch kleine Näschereien, die sich Kinder in höchst bescheidenem Maße von den selbstverdienten oder geschenkten Kreuzern, von denen uns Hansjakob erzählt hat, kaufen konnten, und sogar

19. Der Straßenverkehr.

Walther, Bilder zum Anschauungs-Unterricht. I.

Verlag von J. F. Schreiber in Eßlingen bei Stuttgart.

Auf der Straße

Im bunten Durcheinander zeigt der Bogen, was man auf Straßen und Plätzen sehen konnte. Post- und Planwagen kennen wir schon von Seite 13. Die Equipage ist eine Pferdekutsche für vornehme Herrschaften, der Kutscher war livriert, d.h. er trug eine uniformierte Dienstkleidung. Im 19. Jahrhundert war es noch durchaus üblich, daß Mägde oder Dienstmädchen das Wasser in Eimern und Kannen aus einem der öffentlichen Brunnen holen mußten.

Murmeln, Kreisel, sowie Bilderbogen, wie Richter ausdrücklich erzählt. In die städtischen Bürgerfamilien führen auch einige Texte der beiden folgenden Abschnitte dieses Buches. Wesentlich schwieriger wird es für uns schon, wenn wir nach Spuren der Großstadt Ausschau halten. Auf einem Bilderbogen ist sie vertreten, sogar mit Pferde-Schienenbahn und Pferde-Omnibus, mit markanten Wohn- und Geschäftshäusern und promenierenden Herrschaften, aber im Gegensatz zu den meisten anderen Bildern wirkt dieses verhältnismäßig steif. Auch in den Jugendbüchern ist die Arbeitswelt, das Leben in den Mietshäusern und in den oft trostlosen Hinterhöfen der Großstadt nur ganz selten einmal zu finden.

Ilse Frapans (1852–1908) „Blick aus der Kellerwohnung“ oder Heinrich Scharrelmanns (1871–1940) „Piddel Hundertmark“ liefern uns zwei geeignete Beispiele. Doch richtig erfaßt im Kinder- und Jugendbuch wurde die Großstadt erst nach dem Weltkrieg mit Geschichten wie „Kai aus der Kiste“ von Wolf Durian, „Peter Stoll“ von Karl Dantz, „Ede und Unku“ von Alex Wedding oder dem „Roten U“ von Wilhelm Matthiessen.

Die Müller-Großeltern wurden oft besucht. Das kleine Kaufmannslädchen, durch welches man den Eingang in das noch kleinere und einzige Stübchen nehmen mußte, war ein höchst interessantes Heiligtum. Das Fenster außen garniert mit hölzernen, gelb und orange bemalten Kugeln, welche Zitronen und Apfelsinen vorstellten, die aber niemals in natura vorhanden waren und auch bei der armen Kundschaft keine Käufer gefunden haben würden; dann der große, blanke Messingmond, vor welchem abends die Lampe angezündet wurde, und der dann mit seinem wunderbar blendenden Glanz das Lädchen zu einem Feenpalast verwandelte; die vielen verschlossenen Kästen, der anziehende Sirupständer, dessen Inhalt so oft in den schönsten Spirallinien auf das untergehaltene Dreierbrot sich ergoß, die Büchsen mit bunten Zuckerplätzchen, Kalmus, Ingwerblättchen, Johannisbrot – und schließlich der Duft dieser Atmosphäre: welche ahnungsvolle Stätte voll Herrlichkeit!

Endlich der Kaufherr selbst, mit baumwollener Zipfelmütze und kaffeebrauner Lendenschürze geschmückt, wie hastig und eifrig fuhr er in die Kästen, langte dem Barfüßler für ein Pfennig Pfeffer, ein Pfennig Ingwer, ein Pfennig neue Würze und drei Pfen-

Die elektrische Straßenbahn
Le tramway électrique
Die Plakatsäule
La colonne d'affiches
Der Radfahrer
Le vélocipédiste
Das Frachtfuhrwerk
La voiture de camionnage
Der Brunnen
La fontaine
Das Standbild
Le monument
Der Reiter
Le cavalier
Der Postwagen
La diligence
Die Equipage
La voiture

8.

nig Baumöl freundlichst zu, der Barfüßler verschwand, und die Klingel an der Türe bimmelte unaufhörlich der ab- und zugehenden Kundschaft vor und nach!
Die Großmama, eine ruhige, etwas stolze Frau, bewegte sich gemächlich aus dem Stübchen zur Küche und aus der Küche in die Stube; und selten war sie anderswo zu erblicken; ich kann mich aber nicht erinnern, daß sie mit mir oder überhaupt viel gesprochen, oder das Gesicht einmal in andere Falten gezogen hätte; deshalb interessierte sie mich auch nicht . . .
Ein Hauptvergnügen verschaffte mir der dicke Stoß Bilderbogen, welche im Laden zum Verkauf lagen, und die ich alle mit Muße betrachten konnte. Außer der ganzen sächsischen Kavallerie und Infanterie war da auch „die verkehrte Welt" mit herrlichen Reimen darunter, das Gänsespiel, die Kaffeegesellschaft, Jahreszeiten und dergleichen, alle in derbem Holzschnitt und grell bunt bemalt.

Ludwig Richter (1803–1884)

„Guschen Möller wohnt im Keller! Guschen Möller wohnt im Keller!" Das sang ich den ganzen Weg, als ich zu Möllers ging. Guschen Möller hatte mich zu ihrem Geburtstag eingeladen. Wir kriegten da Schokolade zu trinken, und nachher guckten wir aus dem Kellerfenster. Es kam mir vor, als wenn es schon Abend wäre, aber draußen war es doch ganz hell gewesen. Es mußte kommen, weil das Kellerfenster halb in dem Kellerloch war und nur oben einen ganz schmalen hellen Rand hatte, wo man auf die Straße sehen konnte. Herr Möller ist ein Schuster, und Frau Möller nimmt Zeug zum Mangeln an. Hinter dem kleinen Laden in einer Stube stand die große Mangel, und weiter war gar nichts in der Stube. Nicht mal ein Fenster war da. Sie brennen da Tag und Nacht Licht, sagt Guschen. An der Decke hängt eine Petroleumlampe. Es war aber doch ziemlich dunkel da; die Wände hatten keine Tapeten, sie sahen so dunkelgrau aus und in den Ecken beinahe schwarz. An einigen Stellen saß etwas Weißes darauf, wie Salz ungefähr. Guschen sagte, das täte nichts, das wäre Salpeter, sagte ihr Papa, aber ich mochte nicht gern in der Mangelstube sein. Wir gingen wieder in die Wohnstube. Sie roch ganz nach Leder, wie der Laden. „Komm auf die Fensterbank!" sagte Guschen Möller. In dem Kellerloch sah es ganz dunkel aus, da krochen ein paar ganz kleine, platte, runde Tiere herum. „I gitt!" sagte ich.
Guschen Möller lachte mich aus. „Das sind

Vom Getreide zum Brot

Während das mittlere Bild eine große Bäckerei zeigt, sind auf den kleinen Bildern Aussaat, Ernte, Dreschen (mit Dreschflegel und Dampfmaschine), das Mahlen in alten Wasser- und in modernen Mühlen, das Bearbeiten von Mühlsteinen und die Tätigkeiten in der Konditorei und Lebzelterei dargestellt. Dort werden süße Backwaren und Lebkuchen produziert.

I.
II.
III.
IV.
V.
VI.
VII.
VIII.
IX.
X.
XI.
XII.

Kinderalltag

Die vier Bilder zeigen Szenen aus dem Kinderalltag der wohlhabenden Familien. Noch sind ausgesprochene Spielwarengeschäfte sehr selten. Das Kinderspielzeug wird auf dem Jahrmarkt an einem Stand (Verkaufsbude) gekauft.

bloß 'n paar Kelleresel, die tun einem nichts." Über das Kellerloch war ein eisernes Gitter gedeckt; dadurch wurde es noch dunkler in der Kellerstube.
„Paß auf! da kommen Leute!" sagte Guschen. Aber ich sah keine Leute, ich sah nur Beine und Stiefel, die da vorübergingen. Wir fingen an zu raten, wem die Stiefel wohl zugehörten, die vorbeikamen. Guschen konnte das viel besser als ich.
„Das ist ein Arbeiter! Der hat Strapazierstiefel an. Solche macht mein Papa auch nach Maß. Das ist eine feine Dame. Sie hat feine, hohe Knopfstiefel, ganz neue sogar, die Sohlen sind noch hell. Und sie trägt einen seidenen Unterrock bei dem Regenwetter. Der kleine Junge hat zwei Reester auf jedem Stiefel, der ist gewiß 'n Rietenspliet. Guck, da kommt eine alte Mutter mit Tuchstiefeln, mit breiten Schnauzen! Die hat gewiß Leichdörner. Ach die kleine Holtentüffeldeern! Was die klappert! Das spritzt ordentlich, wo die hintritt!" So sah Guschen ganze Menschen laufen, wo ich nur Füße und ein klein Stück Rock oder Hose oder Strumpf sehen konnte.
„Das hat Großmutter mich gelehrt," sagte Guschen vergnügt. „Großmutter war lahm und saß immer auf der Fensterbank, bis sie gestorben ist." Ilse Frapan (1852–1908)

Piddls kleine Beine steckten in ganz unmöglichen Hosen. Man wußte nie, was man mehr anstaunen sollte. Piddl oder seine Hosen. Sie waren tütenförmig und oben von einer so unnatürlichen Weite, daß man stets fürchtete, der kleine Knirps werde rettungslos in dem gewaltigen Hosenboden versinken. Seine Mutter hatte sie abends nach der Arbeit beim Schein der trüben, kleinen Petroleumlampe zusammengenäht, und es war wirklich mehr guter Wille als Geschicklichkeit an ihnen zu erkennen. Aber Piddl war stolz auf seine Hosen, und er tat nichts lieber, als die Hände in die Taschen zu vergraben und mit unbewegter Gelassenheit und dem unerschütterlichen Phlegma, das ihm eigen war, den Spielen der Kinder auf der Straße zuzusehen. Kein Spottwort rührte ihn so leicht, und nur, wenn es gar zu arg wurde, drehte er sich um und ging ohne ein Wort, mit langsamen, abgemessenen Schritten ins Haus. Und wenn er dann wohl auch heimlich die Zähne zusammenbiß und sich die kleinen Augen mit großen Tränen füllten, so sah ihn doch niemand jemals weinen, so oft ihn auch die Kameraden zuweilen an den Haaren zupften oder mit dem Ellbogen in die Seite stießen. Er ging dann in den dunklen, kahlen Kellerflur, der so öde und schmutzig dalag

Verlag von J. F. Schreiber in Esslingen.

Bäuerliche Küche

Das Bild zeigt die Küche eines größeren Bauernhofes. Vorn (8) ein Butterfaß, in dem aus dem von der Milch abgeschöpften Rahm durch gleichmäßiges Stampfen mit dem Stab die Butter erzeugt wird.

und an dem das Zimmer seiner Mutter lag. An solchen Tagen kam er meistens erst des Abends wieder zum Vorschein, wenn die Gasse still geworden war. Dann schlich er an den Häusern entlang bis zur nächsten Straßenecke und stand unbeweglich unter der Gaslaterne, die dort brannte, und wartete auf seine Mutter, die tagsüber bei feinen Leuten die Wäsche besorgte und zuweilen erst spät des Abends heimkehrte. Er stand dann da, unbeweglich wie ein kleiner Gnom, der sich in die Stadt verirrt hat und nun mit großen, verwunderten Augen die Häuser und die Vorübergehenden mustert.

Ich erzähle von Piddl, als er neun Jahre war. Als er einige Jahre älter geworden war, wurde er Auslaufjunge für eine Bäckerei. Des Morgens, in aller Herrgottsfrühe, wenn die Gassen noch nicht daran dachten, wieder aufzuwachen aus ihrem nebligen Schlafe, lief er schon mit seinem Brotkorb unter den Laternen hin und hängte den Kunden die Brotbeutel vor die Tür. Da hieß es sich sputen und hurtig bei der Hand sein, denn die Schule begann auf den Glockenschlag, und Piddl mußte vorher sein Brot besorgt haben, da half alles nichts. Ob Schnee lag oder die Brötchen einige Minuten später fertig geworden waren, danach fragte man nicht. Nur danach fragte man, ob alles richtig besorgt sei.

Er verdiente dabei jede Woche eine Mark und bekam jeden Abend (nach der Schulzeit wurde noch einmal Brot ausgetragen) einen Beutel voll alten, in der Form mißratenen Weißbrotes mit nach Hause, Brötchen mit einer aufgeblasenen Backe, schief gewordene und wunderliche Dinger, über die man lachen mußte, wenn man sie betrachtete. Aber Piddl war nie stolzer als an dem Sonnabend, an dem er die erste selbstverdiente Mark seiner Mutter heimbrachte.

Heinrich Scharrelmann (1871–1940)

Die Begegnungen mit den Errungenschaften in Technik und Verkehr spielen merkwürdigerweise ebenfalls nur eine untergeordnete Rolle. Dabei könnte man doch annehmen, daß so etwas gerade junge Leser interessieren oder bei tatsächlichen Erlebnissen in der Erinnerung eine wichtige Rolle spielen würde.

Eine rühmliche Ausnahme bildet die weithin bekannte Geschichte „Als ich das erstemal auf dem Dampfwagen saß“ von Peter Rosegger, den wir mit der Schilderung eines Armenlehrers im nächsten Abschnitt näher kennenlernen werden. Der Philosoph Wilhelm Wundt (1832–

1 Autotypie 16cm breit

Pferde

Der Ausschneidebogen zeigt Pferde bei der Arbeit, links unten wird eines vom Hufschmied beschlagen, d.h. es erhält ein neues Hufeisen.

1920) erzählt vom Bau des ersten kleinen Bahnhofs in Heidelberg 1838. Und was einem Knaben in der Eisenbahn passieren konnte, davon hören wir in der Geschichte „Ottos Ferienreise" von Wilhelmine Heimburg (1850–1912). Wir lesen zwar nur vom Anfang der Katastrophe; denn Otto, von dem hier die Rede ist, steigt in Magdeburg noch zu allem Unheil, das ihm schon widerfährt, in den falschen Zug, und es gibt allerhand Aufregung, bis er bei der Großmutter landet. Trotzdem stecken in diesem kurzen Text bereits allerhand Informationen. Otto ist Sextaner, geht also in die erste Klasse eines Gymnasiums und ist demnach zirka zehn Jahre alt, zu jung jedenfalls, um mit den Eltern nach Tirol in die Ferien fahren zu dürfen! Großmutter hatte eine Jungfer, also ein Dienstmädchen, wie es sich für eine ältere Dame gehört. Otto und die Jungfer fahren in der Bahn dritte Klasse, dort gab es nur einfache Holzbänke in den Abteilen, während die zweite gepolstert war und die Herrschaften in der ersten auf Plüsch saßen. Die Abteile nannte man aber trotzdem auch in der dritten Klasse vornehm „Coupé". Matrosenbluse und Strohhut gehörten zur angemessenen Bekleidung der kleinen Gymnasiasten. Für Gleichaltrige, die heute mit den Eltern und sogar allein durch die ganze Welt reisen, alles unvorstellbare Dinge!

In den Wochen, die ich als Knabe beim Großvater in Heidelberg zubrachte, in der Zeit meiner Erinnerung in dem Hause Ecke der Schiffgasse gegenüber dem Gasthof zum badischen Hof, pflegte er sich gründlich mit meiner Erziehung zu beschäftigen. Namentlich geschah das auf täglichen Spaziergängen in der Umgebung der Stadt. Unter diesen Spaziergängen spielte der Pariser Weg, eine schmale Gasse außerhalb der Stadt an der Stelle der jetzigen Anlage oder Leopoldstraße, eine besondere Rolle. Denn dieser Weg führte zu dem Bahnhof, den mein Großvater und ich von seiner ersten Entstehung bis zu seiner Vollendung verfolgten. Noch entsinne ich mich deutlich des ersten Aktes dieser Entstehungsgeschichte. Er bestand in der Ausrottung eines größeren Weinberges, der hier vor der Stadt gelegen war, die von mehreren Frauen unter empörtem Weinen und Zanken über diese ihnen zugemutete Enteignung ausgeführt wurde. Dann, als der erste kleine Bahnhof errichtet war, sehe ich uns beide unter einer großen Zahl von Menschen, die sich hier angesammelt, um den ersten Bahnzug von

Bilder zum Ausschneiden und Aufstellen. **Pferde.** **Chevaux** Feuilles d'images à découper.

Die Dreiecke dienen als Aufstellvorrichtung. Die punktierten Linien werden geritzt, der breite Teil umgebogen und der schmale Teil an die Rückseite geklebt.

J.F.S. i.E. Nº 366

Heidelberg nach Mannheim abgehen zu sehen. Noch sehe ich auf der kleinen Lokomotive den Lokomotivführer, von dem mir mein Großvater sagte, er sei ein Engländer und unterrichte die Deutschen in der Lokomotivführung. Eine längere Zeit wiederholten sich diese Spaziergänge täglich. Auch gab es eine große Zahl anderer Bewohner, die keinen Zug abgehen ließen, ohne ihn anzusehen.
Weniger erfreulich als diese Spaziergänge war die häusliche Erziehung des Großvaters. Hier war er sehr streng und ließ es an empfindlichen Strafen nicht fehlen. So erinnere ich mich, von ihm wegen irgendeines Vergehens eines Tages in den vom Hausgang aus zugänglichen dunklen Ofenraum zu meinem Entsetzen eingesperrt worden zu sein, eine Strafe, die sogar das tiefste Mitleid meiner Mutter erregte.

Wilhelm Wundt (1832–1920)

Er wäre viel lieber mit den Eltern nach Tirol gefahren wie der größere Bruder Fritz, aber Vater sagte: „Da muß der Otto erst größer werden; wie er jetzt ist, wär's um das Reisegeld schade. Er versteht das noch nicht und ist bei Großmutter weit besser aufgehoben.“ Das war doch eigentlich recht niederdrükkend für einen Sextaner. Nun wohnte Großmutter auch noch ziemlich fern von der Stadt, in der Otto mit seinen Eltern lebte, so weit, daß er nicht allein reisen konnte, wie die gute Mama meinte, und da hatte Großmutter geschrieben, sie wolle ihre treue Johanne schicken, die solle den kleinen Otto zu ihr bringen.
Otto in Begleitung einer Dienerin – das war noch niederdrückender!...
Eines Abends kam dann Großmutters Jungfer an, und am anderen Morgen brachte Papa ihn und die Jungfer, die sehr lang und ältlich war und einen großen Pompadour am Arm trug, nach dem Bahnhof. Papa gab dem Schaffner ein Trinkgeld, damit er die Reisenden aufmerksam mache, wenn sie umsteigen müßten. Dann küßte er seinen Jungen: „Grüße die Großmama tausendmal von mir und leb wohl, mein Stift.“ Otto war ganz benommen; Mama hatte so sehr geweint, als sie ihm Adieu sagte, und Papa hatte ihm ein blankes Markstück geschenkt, gerade wie damals, als er zum Zahnarzt gebracht wurde, und wohl hundertmal hatte er den Eltern versprechen müssen, sehr artig bei Großmama zu sein. Wenn nur die Reise erst überstanden wäre, sie gefiel ihm gar nicht. Erstlich fuhr er mit Johanne dritter Klasse, dann saßen noch größere Jungens vom Gymnasium mit im

Zirkus

Der Zirkus war früher in seinen Attraktionen wesentlich bescheidener als heute. Der Ausschneidebogen beweist es.

Circus.

J. F. Schreiber in Esslingen. Nr. 320

Coupé, die in die Ferien reisten und sich wie Erwachsene benahmen, er aber wurde beständig von Großmutters Johanne bemuttert. Bald sollte er stillsitzen, bald ein Tuch über die Knie breiten, damit er sich nicht erkälte, bald etwas essen und bald ihre Fragen beantworten. „Mein Jung“, nannte sie ihn, oder gar plattdeutsch: „Min söte Jung!“ Er schüttelte das Tuch ab, redete keinen Ton mit ihr und tat schließlich, als ob sie Luft für ihn sei.
Endlich kam Magdeburg in Sicht.
„So, mein Jung“, sagte Johanne, „nun nimm mal deinen kleinen Tornister und setz den niedlichen Hut auf, nun kommen wir nach Magdeburg und müssen umsteigen; und daß du dich ordentlich festhältst, mein Jung, an meinem Rock, damit du nicht verloren gehst, ich kann dich nicht an die Hand fassen, weil ich deinen lütten Koffer und meinen Regenschirm tragen muß.“ Sie zog Otto, den Sextaner, zu sich heran, hielt ihn mit ihren Knien fest, zupfte an seiner blauen Matrosenbluse, strich ihm die Haare unter dem Strohhut zurecht und gab ihm plötzlich einen schallenden Kuß. „Bist doch ein süßen Jungen“, sagte sie dazu, „paß man auf, wir werden uns schon vertragen, wir beide.“ Die Gymnasiasten, die am Fenster saßen, fingen an zu kichern, und Otto ballte die Fäuste in seinen Hosentaschen. Das war ja eine abscheuliche Person, diese Johanne!

Wilhelmine Heimburg (1850–1912)

Jahrmarkt

Jahrmärkte und Volksfeste boten fast noch mehr Sensationen als der Zirkus, so etwa Riesen und Liliputaner, exotische Tiere und Tanzbären. Die Moritatensänger (rechts oben) berichteten von schauerlichen Begebenheiten und führten dabei die Ereignisse auf großen gemalten Tafeln vor.

Jahrmarktsbilder. Images de la foire.

Verlag von J. F. Schreiber in Esslingen.

Nro 77

Schule und Spiel

Menagerie

Die Menagerie war meist eine umherziehende Tierschau und zugleich ein Vorläufer der Zoologischen Gärten, die damals nur vereinzelt in großen Städten eingerichtet wurden.

Schule und Spiel prägten den Alltag der meisten Kinder, wenn auch viele daheim, etwa auf dem Bauernhof oder in den Handwerkerstuben, mithelfen und zupacken mußten. Gerade im Laufe des 19. Jahrhunderts entwickelte sich das Schulwesen in den deutschen Ländern, aber es gab doch ganz erhebliche Unterschiede zwischen Dorf und Stadt, zwischen privaten und öffentlichen Schulen.

Wie es auf dem Dorf zugehen konnte, erzählen zwei Berichte aus dem äußersten Norden und dem Süden des deutschen Sprachraums. Der eine kommt aus Dithmarschen in Holstein, wo der Dichter Friedrich Hebbel (1813–1863) um 1817 die Klippschule besuchte, wie man damals die privaten einklassigen Volksschulen nannte. Sie übernahmen gleichzeitig die Aufgabe des Kindergartens; denn Hebbel war erst vier Jahre alt, als er dort eintrat. Nachdem er Schreiben und Lesen gelernt hatte, verließ er sie mit sechs Jahren schon wieder, weil sein Heimatort endlich eine eigene Volksschule erhalten hatte. Damit erging es ihm wesentlich besser als dreißig Jahre später Peter Rosegger (1843–1918), dem Waldbauernbuben aus der Steiermark. In dessen Heimat gab es natürlich in den Tälern auch Volksschulen, aber die Kinder der Bergbauern, die den weiten Weg nicht täglich zurücklegen konnten, wurden von einem braven, alten, umherziehenden Lehrer unterrichtet. Peter Rosegger hat ihm in seinem schönen Erinnerungsbuch „Als ich noch ein Waldbauernbub war“ ein bleibendes Denkmal gesetzt. Da erzählt er auch, daß bei der Prüfung die Bergbauernkinder besser abschnitten als die Dorfkinder, ein Beweis dafür, daß der Unterricht durchaus in Ordnung war. Agnes Sapper (1852–1929), die bekannte süddeutsche Kinderbuchautorin, schildert dagegen in ihrem Kinderbuch „Das erste Schuljahr“ den Schulalltag eines kleinen Mädchens etwa um 1890 in der Volksschule einer Kleinstadt. Natürlich gab es damals, genauso wie heute, gute und schlechte Lehrer, von beiden erzählt sie, wobei wir hier nur den schlechten kennenlernen. Im Gegensatz zu heute konnten früher nur verhältnismäßig wenige Kinder das Gymnasium besuchen. Für Dorfkinder war das besonders schwierig, denn entweder mußten sie täglich den oft weiten Weg zur nächsten Stadt zurücklegen oder dort wohnen, sei es privat bei einer „Logierfrau“, sei es in einem Schülerheim. Kein Wunder, daß es viele Berichte

Bilder zum Ausschneiden und Aufstellen.

Menagerie.

Ménagerie.

Feuilles d'images à découper.

Verlag von J. F. Schreiber in Esslingen.

No. 327

Im Garten

Die Abbildung zeigt die häufigsten Arbeiten.

und Geschichten aus dem Gymnasialleben der damaligen Zeit gibt. Zu den bekanntesten gehören wohl die „Lausbubengeschichten“ von Ludwig Thoma (1867–1921), der ja in seiner Schulzeit, so behauptet er wenigstens von sich selbst, ein ganz besonderes „Prachtexemplar“ von einem Schüler gewesen sein muß.
Bei den Mädchen war das etwas anders. Das Gymnasium besuchten nur wenige, denn in größeren Städten gab es eigene höhere Schulen für sie, die selbstverständlich streng von den Jungenschulen getrennt waren. Wenn sie, sehr zur Sorge der Stadtväter, in einem gemeinsamen Gebäude untergebracht werden mußten, dann gab es zumindest getrennte Eingänge für die beiden Geschlechter, und auch die Klassenzimmer lagen möglichst weit voneinander entfernt. Auch damals beherrschten in den Unterklassen die kleinen Nichtigkeiten, Streit und Tratsch den Schulalltag. Nur waren, wie es scheint, die Anlässe dafür noch harmloser als heute. Das beweist ein kleiner Ausschnitt aus einer Erzählung der einmal sehr beliebten Kinderbuchautorin Josephine Siebe (1870–1941). „In trautem Winkel“, einem idyllischen Fleckchen in einer großen Stadt, lebt nach dem frühen Tode ihres Mannes die verarmte Frau Reimer. Ihre Kinder müssen der Mutter tüchtig helfen; denn ein Dienstmädchen, wie es damals fast in jedem „besseren“ Haushalt anzutreffen war, kann sich diese nicht mehr leisten. Als die Mitschülerinnen die beiden Töchter nun beim Treppenreinigen antreffen, ist das für diese Grund genug, die Mädchen zu schneiden und sich über sie lustig zu machen. Lächerlich? Keineswegs, es sind letzten Endes ähnliche Probleme, wie sie Mädchen dieses Alters auch heute haben, nur eben aus den gesellschaftlichen Vorstellungen der Welt von gestern erwachsen.
Die Töchter aus wohlhabenden Bürgerfamilien oder gar aus dem Adel besuchten Privatschulen oder wurden ins Pensionat geschickt. Das konnte sich natürlich nicht jede Familie leisten, um so mehr wurden die Mädchen beneidet, die das in Wirklichkeit oft etwas zweifelhafte Glück hatten, dort untergebracht zu sein; denn schließlich war man da eben in den besseren Kreisen unter sich. Kein Wunder, daß im letzten Drittel des 19. Jahrhunderts zahlreiche Pensionatsgeschichten für Mädchen auftauchten, allen voran der „Trotzkopf“ von Emmy von Rhoden (1832–1885). Das Buch erschien 1885 erst

Aufl. 1018

30 Juli 1898

Stein und Bau

Der Bogen zeigt die unterschiedlichen Arbeiten im Steinbruch (I), in der Gipsbrennerei (VI) am Kalkofen und in der Schottermühle (IV), den Bau von Häusern, Brücken und Tunnels, den Straßenbau und das Pflastern von Plätzen, die Tätigkeit der Bildhauer und der Verputzer, der Freskomaler und der Stukkateure (VIII).

nach dem Tode der Verfasserin, die hier von Ilse, der etwa 15jährigen Tochter eines Pommerschen Gutsbesitzers erzählt, die in einem Pensionat zur „höheren Tochter" und Dame erzogen werden soll. Das geht, wie wir in nachfolgendem Text sehen werden, nicht ohne Schwierigkeiten. Der „Trotzkopf" wurde ein ungeheuer erfolgreiches Buch, und die gute Ilse tauchte nicht nur in mehreren Fortsetzungsbänden anderer Autorinnen auf, die ihr Leben bis zu ihren Tagen als Großmutter erzählen, sondern sie wurde auch zum Vorbild zahlreicher ähnlicher Mädchenbücher. Die meisten von ihnen wurden schon von den zehn- bis zwölfjährigen Mädchen gelesen, und aus ihnen und den sogenannten Backfischbüchern, von denen im nächsten Abschnitt noch ausführlicher die Rede sein wird, schöpften sie ihre ersten Lebenserfahrungen für ihre spätere Rolle als Hausfrau und in der Gesellschaft.

Die reichsten Familien konnten es sich natürlich leisten, für ihre Kinder Erzieher oder Erzieherinnen zu engagieren. Für manche junge Frau aus verarmter angesehener Familie war der Beruf der Gouvernante noch ein Rettungsanker in der Not, und die Mädchenbücher erzählen dann, wie diese von den verwöhnten Frätzchen schikaniert wurde, bis sie schließlich – wie kann es anders sein – mit der Zeit die Zuneigung und Achtung ihrer Zöglinge gewann.

In meinem vierten Jahre wurde ich in eine Klippschule gebracht. Eine alte Jungfer, Susanna mit Namen, hoch und männerhaft von Wuchs, mit freundlichen blauen Augen, die wie Lichter aus einem graublassen Gesicht hervorschimmerten, stand ihr vor. Wir Kinder wurden in dem geräumigen Saal, der zur Schulstube diente und ziemlich finster war, an den Wänden herumgepflanzt, die Knaben auf der einen Seite, die Mädchen auf der anderen; Susannas Tisch, mit Schulbüchern beladen, stand in der Mitte, und sie selbst saß, ihre weiße tönerne Pfeife im Munde und eine Tasse Tee vor sich, in einem Respekt einflößenden urväterlichen Lehnstuhl dahinter. Vor ihr lag ein langes Lineal, das aber nicht zum Linienziehen, sondern zu unserer Abstrafung benutzt wurde, wenn wir mit Stirnerunzeln und Räuspern nicht mehr im Zaume zu halten waren; eine Tüte voll Rosinen, zur Belohnung außerordentlicher Tugenden bestimmt, lag daneben. Die Klapse fielen jedoch regelmäßiger als die Rosinen, ja die Tüte war, so

II.
III.
I.
VI.
IV.
VII.
V.
IX.
VIII.
X.
XI.
XII.
XIII.

Spielende Kinder

Es sind ähnliche Kinderspiele wie auf den anderen Kinderbogen. Beliebt war früher das Steckenpferdreiten und auch das Reifenschlagen oder -treiben, bei dem der Holzreifen mit einem Stöckchen über den Weg getrieben wurde und nicht umfallen durfte. Der Junge unten geht mit einem Netz auf Schmetterlingsfang – früher merkwürdigerweise ein sehr beliebter Zeitvertreib – wobei die Beutetiere oder auch gefundene Blumen u.ä. in der hinter ihm liegenden Botanisiertrommel, einem Blechbehälter zum Umhängen, aufbewahrt wurden.

sparsam Susanna auch mit dem Inhalt umging, zuweilen völlig leer, wir lernten daher Kants kategorischen Imperativ zeitig genug kennen. An den Tisch wurde groß und klein von Zeit zu Zeit herangerufen, die vorgerückteren Schüler zum Schreibunterricht, der Troß, um seine Lektion aufzusagen und, wie es nun kam, Schläge auf die Finger mit dem Lineal oder Rosinen in Empfang zu nehmen. Eine unfreundliche Magd, die sich hin und wieder sogar einen Eingriff ins Strafamt erlaubte, ging ab und zu und ward von dem jüngsten Zuwachs mitunter auf äußerst unerfreuliche Weise in Anspruch genommen, weshalb sie scharf darüber wachte, daß er nicht zu viel von den mitgebrachten Süßigkeiten zu sich nahm. Hinter dem Hause war ein kleiner Hof, an den Susannas Gärtchen stieß; auf dem Hofe trieben wir in den Freistunden unsere Spiele, das Gärtchen wurde vor uns verschlossen gehalten. Es stand voll Blumen, deren phantastische Gestalten ich noch im schwülen Sommerwind schwanken sehe; von diesen Blumen brach Susanna uns bei guter Laune hin und wieder einige ab, jedoch erst dann, wenn sie dem Welken nahe waren; früher raubte sie den sauber angelegten und sorgfältig gejäteten Beeten, zwischen denen sich Fußsteige hinzogen, die kaum für die hüpfenden Vögel breit genug schienen, nichts von ihrem Schmuck. Susanna verteilte die Geschenke übrigens sehr parteiisch. Die Kinder wohlhabender Eltern erhielten das Beste und durften ihre oft unbescheidenen Wünsche laut aussprechen, ohne zurechtgewiesen zu werden; die Ärmeren mußten mit dem zufrieden sein, was übrig blieb, und bekamen gar nichts, wenn sie den Gnadenakt nicht stillschweigend abwarteten.

Friedrich Hebbel (1813–1863)

Der Holzbauernhof, in welchem der alte Michel Patterer die Alpelschule eine Zeitlang gehalten hatte, lag dreitausendvierhundert Fuß über dem Meere, und so konnte der Mann, welcher sonst nichts weniger als ehrgeizig war, seinem Institut die Bezeichnung »Hochschule« mit gutem Fuge beilegen. Dieser Michel Patterer war früher ordentlicher Lehrer in Sankt Kathrein am Hauenstein gewesen; weil er es im Jahre 1848 ein wenig mit der neuen Mode hielt – der alte besonnene Mann wird gewußt haben, warum – so wurde er von der kirchlichen Behörde kurzerhand abgedankt und langen Fußes davongejagt. Der alte Mann kam nach Alpel, um sich durchzubetteln, allein die Alpler Bauern standen zusam-

Bilder zum Ausschneiden und Aufstellen.

Spielende Kinder. Enfants jouants.

Feuilles d'images à découper.

Verlag von J. F. Schreiber in Esslingen.

Auf dem Spielplatz

Während sich die Erwachsenen im Fest- oder Schützenzelt erfrischen, bieten sich für Kinder davor auf dem Spielplatz zahlreiche Vergnügungen wie Ringelreihen, Blindekuh, Ballspiel, Luftschaukeln, Kegeln, Sackhüpfen und das einmal sehr beliebte Stangenklettern. Der Junge, der die Spitze erreichte, durfte sich eines der dort hängenden Stücke nehmen. Das war nicht einfach, denn der obere Teil der Stange war häufig mit Schmierseife eingerieben, so daß die kühnen Kletterer wieder hinunterrutschten.

men und sagten: »Bettler haben wir ohnehin zu viele, aber Schulmeister haben wir keinen, und dahier keinen gehabt, seit die Welt steht. Machen wir ihn zum Schulmeister, unsere Kinder sollen Lesen und Schreiben lernen; nützt's nichts, schadet's nichts.« Der Michel blieb in Alpel und ging mit seinen Wissenschaften hausieren von Hof zu Hof. Je eine Woche lang wurde die Schule in einem und dem anderen der dreiundzwanzig Höfe abgehalten, wo die Kinder der Gemeinde in der Gesindestube zusammenkamen, sich um den großen Tisch setzten und lernten. Wenn die Bäurin kam, um auf dem Tische ihren Strudelteig auseinanderzuziehen, oder das Gesinde, um Mittag zu essen, mußte freilich der Tisch geräumt werden. Die Kinder gingen hinaus, aßen ihr mitgebrachtes Stück Brot; der Schulmeister setzte sich zu den Knechten und Mägden und tat etwas, wozu damals nicht jeder Schulmeister das Talent hatte – er aß sich satt. Außer der Schulzeit machte er sich in dem betreffenden Hofe auch noch dadurch nützlich, daß er Streu hackte, Heu machen oder Dung führen half und dergleichen. Dabei hatte er stets die ruppige braune Lodenjakke am Leibe, die er vom Grabenbauer geschenkt erhalten, und den Seidenzylinder auf dem Kopf, den ihm der alte Dechant zu Birkfeld einmal verehrt hatte in früheren Tagen. Lachen und weinen muß ich, so oft ich des guten Michel Patterers gedenke; sein Schicksal ist seltsam, und sein Herz war so tapfer und geduldig! Er hatte niemanden mehr auf der Welt als seine Schulkinder, denen er sein Bestes gab, und wenn er zur nächtlichen Stunde draußen in der Heuscheune lag, ein wenig fröstelnd vor Kälte und ein wenig schwitzend vor Sorge um sein nahes hilfloses Alter, da mag er sich wohl gedacht haben: Wie wunderlich geht's doch zu auf dieser Welt!

Peter Rosegger (1843–1918)

„Heute könnt ihr euren Spruch schlecht," rief der Lehrer, „nun sagt ihn noch einmal alle zusammen her, und wer ihn dann nicht allein kann, der soll's fühlen!" Bei diesen Worten schwang Herr Stein ganz unheimlich sein Rohr. Alle Kinder sagten nun im Chor den Spruch her: „Bittet, so wird euch gegeben, suchet, so werdet ihr finden, klopfet an, so wird euch aufgetan."
„So, nun jedes allein, und daß sich keines einfallen läßt, dem andern einzusagen!" Jetzt wurde es ganz stille im Zimmer. Mit Herrn Stein war heute nicht zu spaßen, das merkten alle. Die Mädchen mußten mit dem Hersagen anfangen. Gleich auf der er-

Verlag von J. F. Schreiber in Esslingen.

sten Bank blieb eine in ihrem Spruch stekken. Gretchen bemerkte ihre Not, vergaß des Lehrers Verbot und flüsterte der kleinen Kameradin ein Wort zu; da wußte diese wieder weiter.

„Eine hat eingesagt," sprach Herr Stein, „wer war's?"

Niemand antwortete. Die neben Gretchen saßen, wußten es wohl, wollten sie aber nicht verraten.

„Ich will wissen, wer's war?" wiederholte der Lehrer und hob drohend sein Rohr. Nun stand Gretchen selbst auf und sagte tief errötend: „Ich war's".

Alle Kinder sahen gespannt auf den Lehrer. Dieser aber ließ langsam sein Rohr sinken und sprach: „Diesmal will ich dir's noch hingehen lassen, weil du's selbst eingestanden hast, das nächstemal aber kann ich dir's nicht mehr nachsehen! Jetzt weiter!"

Nun kam die kleine Emilie von Apothekers an die Reihe. Sie hatte daheim ihren Spruch gut gekonnt, jetzt aber war sie ängstlich und verwirrt und blieb stecken. Der Lehrer behielt Gretchen scharf im Auge. Er sah ihr wohl an, wie gerne sie eingesagt hätte. Als nun aber Gretchen auf der einen Seite des Lehrers strengen, drohenden Blick sah und auf der andern Seite die arme, kleine Emilie, mit Tränen in den Augen, die sie mit einem einzigen Wort aus ihrer Not hätte befreien können, hielt sie sich nicht mehr, sondern rief laut: „Aber da muß man doch einsagen, da kann man doch gar nicht anders!"

„So? meinst du?" sagte Herr Stein, „nun, dann will ich's so einrichten, daß man anders kann: Wer jetzt stecken bleibt, bekommt bloß eines auf die Hand, wer sich aber einsagen läßt, der bekommt zwei!"

Emilie hatte inzwischen Zeit gehabt, sich zu besinnen, und sagte ihren Spruch fehlerlos her. Bald aber kam wieder eine an die Reihe, die die drei Teile des Spruches durcheinanderbrachte. Gretchen war nun still, auch von den andern hatte keine Lust einzuflüstern, und so gab es eben Strafe, und der nächsten ging es auch nicht besser, eine wurde durch die andere verwirrt, der Lehrer wurde immer zorniger, das Rohr fiel immer öfter nieder und lautes Weinen wurde allgemeiner. So ungemütlich wie heute war es noch gar nie in der Schule gewesen.

Agnes Sapper (1852–1929)

Am Montag, als Ernfried mit den Schwestern zur Schule ging und Mile sich ihnen wieder zugesellte, sagte er: „Wenn die Mädels etwa frech sind und euch necken, dann sagt es mir, ich verhaue sie."

Kinderspiele im Hause

Das Mädchen links oben führt dem Schwesterchen einen Hampelmann vor, der Junge daneben (in Mädchenkleidern) und der darunter reiten auf Zieh- bzw. Schaukelpferdchen, die in vielen Kinderstuben vorhanden waren und zu den beliebtesten Jungenspielzeugen gehörten.

Bilder zum Ausschneiden und Aufstellen.

Im Hause. A la maison.

Feuilles d'images à découper.

VERLAG VON J. F. SCHREIBER IN ESSLINGEN BEI STUTTGART.

No. 331.

„Aber Ernfried," rief Marie-Anne entrüstet. Doch der Bruder sagte nochmals: „Ich verhaue sie," da fragte Mile ordentlich etwas erschrocken, wer denn verhauen werden sollte? Sie bekam nun die ganze Geschichte erzählt. Sie faßte die Hände der Schwestern und sagte zutraulich: „Ach, ihr braucht die ja gar nicht. Wir haben uns im Winkel, ist das nicht genug?"

In diesem Augenblick überholten Edith und Käthe die Geschwister. Und da Mile sehr zart und fein aussah in ihrem weißen Kleid, blickten sie beide neugierig auf das fremde Mädel. Aber Ernfried sah sie beide so drohend an, daß sie rasch davonliefen und für Marie-Anne nur einen kurzen Gruß hatten. Die sah ihnen bedrückt nach und als sie sich an der nächsten Straßenecke von Mile trennen mußten, wurde ihr das Herz noch schwerer. Sie fürchtete sich beinahe, die Klasse zu betreten, ganz still ging sie neben Helle das letzte Stück bis zur Schule. Die Schwestern gingen langsamer als sonst die Treppen hinauf und jede betrat als letzte die Klasse. Helles Genossinnen sagten nichts, denn Ursula hatte geschwiegen, die kam Helle sogar so freundlich wie immer entgegen, denn eigentlich hatte es ihr gut im Winkel gefallen und sie wollte gern einmal eingeladen sein. In Marie-Annes Klasse wußten es alle vierzehn Mädels, die noch darin saßen, daß Marie-Anne jetzt Treppen scheuern mußte. Ein paar sahen die Gefährtin mitleidig an, Trude Keßler aber, Marie-Annes Nachbarin, rückte ein bißchen hochmütig zur Seite. Marie-Anne wurde blutrot. Sie hatte ein zartes Seelchen, war leicht verletzt und zog sich dann scheu zurück. Und so saß sie denn stumm an ihrem Platz, schaute still in ihr Buch und dann geschah etwas, das selten genug vorkam, Marie-Anne paßte in der ersten Stunde nicht auf. Sie hatten Geschichte und sie, die sonst so gut Bescheid wußte, gab allerlei verkehrte Antworten. Die Lehrerin, Fräulein Doktor Schreiber, war auch ungeduldiger als sonst und sagte etwas streng: „Wo hast du denn deine Gedanken?"

„Beim Treppenscheuern," flüsterte es neben Marie-Anne. Ein paar kicherten, es wurde unruhig in der Klasse, die Lehrerin schalt und Marie-Anne dachte bang an die Pause. Die Stunde dauerte eine Minute länger, die andern Klassen waren schon draußen und kaum hatte Fräulein Doktor Schreiber das Klassenzimmer verlassen, da huschte Helle hinein, zu ihrer Schwester hin. Sie hatte auch nicht aufgepaßt, hatte auch einen Tadel bekommen, aber sie dachte nicht daran,

Kindervergnügen

Auf den 4 Illustrationen sieht man Szenen aus dem Alltag der Kinder im vorigen Jahrhundert.

J.F.S.i.E. Nro: 56.

Spielende Kinder

Womit sich Kinder damals unterhielten, zeigt dieser Bilderbogen.

nur immer an das traurige Gesicht ihrer Schwester hatte sie denken müssen. „Komm," flüsterte sie, „wir bleiben zusammen."
Und die Schwestern Reimer gingen an diesem Tag immer zusammen, sie sonderten sich ab, die andern merkten es, und da die Schule klein war, lief die Rede von Klasse zu Klasse: Marie-Anne und Helle schämen sich, sie wohnen jetzt im Winkel und müssen scheuern und putzen.
Es waren viele kleine und große Mädels, denen die Schwestern leid taten, es waren aber außer Edith, Trude und Käthe noch andere kleine Putzaffen in der Schule, die rümpften die Nasen und taten, als stünden sie turmhoch über den Schwestern, weil sie reiche Väter hatten.

Josephine Siebe (1870–1941)

Ilse hätte gern neben Nellie gesessen, mit der sie in den wenigen Stunden so vertraut geworden war, die aber saß weit entfernt von ihr. Augenblicklich hatte sie ihren Platz noch gar nicht eingenommen, sondern sie stand mit noch einem Mädchen an einem Nebentische und war der Wirtschafterin behilflich, den Tee zu servieren.
Es war ein allerliebster Anblick, die jungen Mädchen mit ihren sauberen Latzschürzen so häuslich geschäftig zu sehen. Geschickt gingen sie an den Tafeln entlang und reichten die Tassen herum.
Verschiedene Schüsseln mit Butterbrötchen, die reichlich mit Wurst und Braten belegt waren, standen verteilt auf den Tischen.
Fräulein Raimar ergriff die vor ihr stehende und reichte sie Ilse.
„Nimm dir", sagte sie, „und gib dann weiter an deine Nachbarin."
Ilse war hungrig. Am Mittag hatte sie fast keinen Bissen genießen können, jetzt aber machte die Natur ihre Rechte geltend. Sie nahm sich vier Schnitten auf einmal, legte zwei und zwei aufeinander und verschlang den ganzen Vorrat in drei bis vier Bissen. Freilich hatte sie den Mund recht voll, die Backen traten wie geschwollen heraus, das kümmerte sie indes wenig, sie war gewohnt, von einem ländlichen Butterbrote tüchtig abzubeißen, so zarte Teebrötchen hatte sie daheim stets verschmäht. Als sie trank, hielt sie ihre Tasse mit beiden Händen und stützte die Ellenbogen dabei auf den Tisch. Fräulein Raimar hatte nicht acht auf Ilse gegeben und wurde erst aufmerksam, als sie in ihrer Nähe unterdrücktes Kichern hörte. Melanie und Grete Schwarz, zwei Schwestern aus Frankfurt am Main, die Ilse

Bilder zum Ausschneiden und Aufstellen. Spielende Kinder. Enfants jouants. Feuilles d'images à découper.

Verlag von J. F. Schreiber in Esslingen bei Stuttgart.

Nro 347.

In der Badeanstalt

Das Bild entspricht fast genau dem kleinen Bildchen auf Seite 19 und zeigt, wie geschickt der Verlag seine Motive vermarktete. Die Ausführung ist bei diesem Bild allerdings etwas sorgfältiger. Der Junge links vorn hat eine Botanisiertrommel bei sich, wie wir sie von Seite 51 schon kennen, nur dient sie hier wahrscheinlich zur Aufbewahrung des Vesperbrotes. Es handelt sich übrigens in diesem Fall um ein fortschrittliches Dorf, denn das Baden im Bach oder im Dorfweiher sahen selbst nach dem Zweiten Weltkrieg noch manche Bauern oder Dorfpfarrer gar nicht gern.

gerade gegenüber saßen, amüsierten sich köstlich über deren Ungeniertheit, stießen heimlich ihre Nachbarinnen an und zeigten verstohlen auf die nichts ahnende.
Ein strenger Blick der Vorsteherin brachte die Mädchen zur Ruhe. Sie liebte es nicht, daß über anderer Schwächen und Fehler gespottet wurde. Über Ilses unmanierliche Art zu essen sagte sie vorläufig nichts, um sie nicht vor den vielen Mädchen zu beschämen, erst unter vier Augen pflegte sie dergleichen Fehler zu rügen.

Emmy von Rhoden (1832–1885)

Schule und Schülerleben werden auf Bilderbogen nur sehr selten dargestellt. Viel häufiger begegnen wir den Zeugnissen und Spuren kindlicher Spiele, und das gilt auch für Lebensberichte und Kinderbücher. Denn gespielt wurde gern und viel. Warum sollten da die Kinder vor hundert Jahren anders gewesen sein als heute? Freilich, ein großer Unterschied wird uns beim Betrachten der Bilderbogen und beim Lesen der Texte gleich deutlich: Die Kinderfreuden waren einfacher und wesentlich bescheidener als heute. Es lohnt sich schon, auf den nebenstehenden Tafeln einmal die verschiedenen Kindervergnügen herauszusuchen. Das Baden im Dorfweiher gehörte ebenso dazu wie der Rummelplatz, Blinde Kuh, Seilziehen, Reifen treiben, Rodeln, Schneeballwerfen und Schlittschuhlaufen. Die Mädchen spielten mit Puppen und Puppenhäusern, die Jungen mit Reifen, Kreisel, mit Holzpferdchen und Soldaten. Zu den schönsten Festen gehörten Geburtstag und Weihnachten.
Ein Bilderbogen zeigt das Weihnachtsfest in einer wohlhabenden Bürgerfamilie. Der Weihnachtsbaum im Mittelpunkt hatte sich erst im Laufe des 19. Jahrhunderts im deutschen Bürgerhaus durchgesetzt. Von seinen Anfängen erzählt uns Christoph von Schmid (1768–1854) im „Weihnachtsabend“. Der schwäbische Pfarrer und spätere Augsburger Domherr war einer der beliebtesten und bekanntesten Kinderbuchautoren in der ersten Hälfte des vorigen Jahrhunderts, und seine Geschichten wie „Gottfried, der junge Einsiedler“, „Die Ostereier“, „Rosa von Tannenburg“ und eben der „Weihnachtsabend“ fanden weite Verbreitung. Im allgemeinen war Weihnachten ein bescheidenes Fest, und daher ist der prächtige Bilderbogen bestenfalls für einen geringen Teil der damaligen Familien kennzeichnend. Schmids Erzählung

Spielende Kinder

Vorwiegend Spiele und Beschäftigungen im Freien zeigt dieser Bilderbogen.

und auch die kleine Geschichte über die neunerlei Gerichte bei armen Leuten am Weihnachtsabend im folgenden Abschnitt kommen da schon der Wirklichkeit etwas näher.

Von Kinderfesten erzählen gleich zwei Autorinnen. Elise Averdieck, die eigentlich Adele Kühner (1808–1907) hieß, und Anna Stein, eigentlich Margareta Wulff (1792–1874), waren vor allem in Mittel- und Norddeutschland kaum weniger erfolgreich als Christoph von Schmid im Süden. Anna Steins „52 Sonntage" galt als ein Lieblingsbuch der Kinder und wird immer wieder in Lebenserinnerungen als Lektüre genannt. Es ist auch wirklich eine reizende Geschichte; denn in einfachen Tagebuchaufzeichnungen berichten drei Kinder ein Jahr lang abwechselnd über die Ereignisse einer Woche, und so entstand ein gelungenes Bild des Alltagslebens in einer Familie.

Mädchen spielten am liebsten mit Puppen. Teddybären und Plüschtiere kamen erst kurz vor dem Ersten Weltkrieg in Mode. Natürlich war es auch damals der Traum jeder Puppenmutter, daß ihr Liebling lebendig würde. Diesen Traum erfüllte das beliebte Mädchenbuch „Die Puppe Wunderhold" von A. Cosmar (Antonie Klein, etwa 1807–1870), das 1839 erschien und mit zwei Fortsetzungen zu einem großen Erfolg wurde; denn hier erzählt die Puppe selbst von ihren Erlebnissen. So vermittelt es uns heute sozusagen aus erster Puppenhand einen lustigen Eindruck von den Spielen kleiner Mädchen um die Mitte des vorigen Jahrhunderts.

Von denen der Jungen erzählen Wilhelm Kügelgen, Gustav Freytag und Carl Ludwig Schleich (1859–1922) in ihren Lebenserinnerungen. Der Maler und Schriftsteller Wilhelm von Kügelgen (1802–1867) berichtet von Papierfigürchen, die als Ersatz für Zinnsoldaten dienten. Soldaten aller Art waren bei Jungen sehr beliebt, zu beliebt sagen wir aus heutiger Kenntnis der geschichtlichen Entwicklung, die in die Kriege von 1870/71 und 1914/18 einmündete. Viele Jungen gaben sich allerdings mit solchen einfachen Faltfigürchen nicht zufrieden. Hier boten dann die Bilderbogen-Hersteller mit ihren zahlreichen Ausschneidebogen die geeignete bunte Auswahl. Auch der Verlag J. F. Schreiber verfügte über verschiedene Soldaten-Ausschneidebogen. So gab es österreichische und deutsche Truppeneinheiten, aber auch die

Bilder zum Ausschneiden und Aufstellen.

Spielende Kinder. Enfants jouants.

Feuilles d'images à découper.

888

Verlag von J. F. Schreiber in Esslingen.

Nro. 328.

Im Wohnzimmer

Das Blatt zeigt das typische Wohnzimmer einer bürgerlichen Familie. Noch gibt es kein elektrisches Licht, sondern nur eine schöne Petroleumlampe. Ein Mädchen „aus gutem Hause" sollte Klavierspielen können. Die Kinder vorn links vergnügen sich mit einem Steinbaukasten, aus dem sich die einzelnen Bausteine zu Gebäuden zusammensetzen ließen.

„Linieninfanterie von Turkestan", die „Englische Infanterie (stürmend)", die „Buren", die „Englisch-Indischen Colonial-Soldaten" und sogar „Zulu-Kaffern", die durch die „Kaffernkriege" im letzten Drittel des Jahrhunderts in Deutschland bekanntgeworden waren.

Das von dem Dichter Gustav Freytag (1816–1895) beschriebene Spiel mit buntgefärbten Bohnen bildete den Ersatz für das bei Jungen ungemein beliebte, heute weitgehend vergessene Schusserspiel, eine Art Miniaturboccia, bei dem die Glas- und Tonkügelchen auf ein Loch im Boden zugeschoben werden mußten. Im harten Einsatz ging es dabei um den Gewinn aller eingesetzten Kugeln. Freytag weist auch auf die Bilderbogen hin, die in den Familien beim Basteln der Weihnachtskrippe adventliche Vorfreude ins Haus brachten.

Eine neue Art von Jugendspielen kam erst in der zweiten Hälfte des 19. Jahrhunderts auf. Die verschiedenen Jugendbearbeitungen der spannenden Indianerromane J. F. Coopers und die Indianererzählungen von Armand, Gerstäcker, Pajeken lösten schon vor Karl May eine Indianerbegeisterung aus, und wenn merkwürdigerweise auch das Indianerspiel nicht auf den Bilderbogen auftaucht, so war es doch bei Jungen sehr gefragt, denn sie konnten sich mit ein paar Hühnerfedern sowie selbstgebastelten Pfeilen und Bogen leicht die nötige Ausrüstung dafür schaffen.

Entsprechende Anregungen fanden sie in zahlreichen Abenteuerbüchern, die damals eine wahre Blüte erlebten. Gelesen wurde zwar nicht mehr, wohl aber viel intensiver als heute. Es gab nur sehr wenige der öffentlichen Büchereien, die wir heute gewohnt sind, und die privaten Leihbüchereien begnügten sich mit billiger Durchschnittsware – meist Räubergeschichten und Liebesromanen – führten aber kaum geeignete Titel für junge Leser. Diese waren deshalb auf die kleinen Schulbibliotheken, den eigenen Buchbesitz und den der Freunde oder Freundinnen und auf erste Anleihen aus dem väterlichen Bücherschrank angewiesen. Was Jungen und Mädchen lasen, lernen wir an einigen wichtigen Beispielen kennen. Von beliebten Büchern erzählen u.a. Agnes Miegel (1879–1964) und Theodor Heuss (1884–1963) in ihren Lebenserinnerungen. Beide waren eifrige Leser und kamen aus Familien, in denen das Lesen gefördert wurde. So leicht hatten es Jun-

Spielende Kinder

Die unbequemen Kleider der Mädchen und die beliebten Matrosenanzüge der Knaben (3. Bild oben) erlaubten im Freien nur sehr zurückhaltende Spiele. Wildes Herumtollen war deshalb in der „besseren Gesellschaft“ verpönt. Die Kinder rechts unten sind sicher in der „Sommerfrische“ und versuchen, mitten unter den Tieren des Bauernhofes eine Art Kricket zu spielen.

gen und Mädchen aber nicht überall. Zu den kindlichen Vergnügungen gehörten auch das Kasperltheater als Handpuppenspiel auf den Jahrmärkten und das Marionettentheater. Die meisten Kinder lernten es nur durch die von Ort zu Ort ziehenden Schausteller kennen. Was so ein Theaterbesuch für sie bedeutete, läßt der norddeutsche Dichter Theodor Storm (1817–1888) den kleinen Paul in der Geschichte „Pole Poppenspäler“ erzählen. Er schrieb sie 1875 eigens für die damals bekannte Kinderzeitschrift „Deutsche Jugend“. Privat konnten sich nur die wenigsten Familien ein eigenes kleines Marionettentheater leisten. Ersatz dafür boten die Papiertheater, die man ebenfalls aus Bilderbogen ausschneiden und zusammenbasteln konnte.

„Den lieben Kleinen,“ sagte Anton, „müssen wir morgen früh noch eine besondere Freude machen. Wir müssen ihnen einen Weihnachtsbaum zurichten. Denn wie in einigen Gegenden die Krippe, so ist in andern der Weihnachtsbaum Sitte. Christian muß sich aus Liebe zu seinen Kindern schon bequemen, noch diese Nacht aus dem nahen Walde eine junge Tanne zu holen. Das Nötige, den Baum zu schmücken, bringe ich mit. Ich habe meinen Kutscher, dessen Pferde fast erlegen waren, in Äschenthal zurückgelassen, und bin auf dem Fußsteig über alle Berge hierhergeeilt; morgen früh aber, vor Anbruch des Tages, wird die Kutsche mit meinem Koffer und übrigem Gepäcke hier eintreffen.“

Am folgenden Morgen sehr frühe, da die Kinder noch süß und sanft schliefen, waren schon alle Erwachsenen im Hause mit Aufstellung und Ausschmückung des Weihnachtsbaumes beschäftigt. Ein junger, schöner Tannenbaum mit dichten grünen Ästen wurde in der Stubenecke zwischen den Fenstern angebracht. Anton öffnete, nachdem die Kutsche abgepackt war, eine große Schachtel, die fast mit allem, was Kinder freuen kann, gefüllt war. Er hängte die kleinen Geschenke – schönes Obst, allerlei buntes Zuckerwerk, niedliche Körbchen voll gezuckerter Mandeln, Kränze von künstlichen Blumen mit rosenfarbenen oder himmelblauen Bändern geziert, nebst allerlei flimmerndem Spielzeuge an den Baumzweigen auf. Er wußte alles sehr malerisch zu ordnen. Nun nahm er auch ein paar Dutzend kleine blecherne Lampen hervor, die mit Wachs eingegossen waren. Er hängte sie vorsichtig, damit sie den Baum schön beleuchten, aber nicht anbren-

VERLAG VON J. F. SCHREIBER IN ESSLINGEN BEI STUTTGART

Buchdruck

Die Bilder dieses Bogens gewähren einen Einblick in die vielen, mit dem Buchdruck zusammenhängenden Vorgänge. Sie zeigen eine damals moderne Druckmaschine (III) und Handpressen (II, V), das Gießen und Zubereiten von Schrifttypen (I, IV), die dann in den Setzkästen für den Handsatz gelagert wurden (II). Wir sehen auch Holz- und Metallstecher bei der Herstellung von Bildvorlagen (VI) und die Lithographen beim Präparieren von Steinplatten (VII) für den Steindruck (VIII). Man sieht Maler beim Gestalten von Vorlagen und Kinder beim Kolorieren einzelner Blätter (IX).

nen konnten, an den Zweigen auf. Da alles fertig war, gingen Katherine und Luise, die Kinder zu wecken. „Sie dürfen aber nicht früher kommen," sagte Anton, „als bis ich mit dem Anzünden der Lampen fertig bin und bis die Mutter ruft." Als die Kinder von den Weihnachtsgeschenken hörten, verging ihnen sogleich aller Schlaf. Man konnte sie nicht schnell genug ankleiden. Endlich rief die Mutter: „Jetzt kommt!" Die Kinder sprangen eilig in die Stube – blieben aber von Glanz und Schimmer geblendet plötzlich stehen. Vor Erstaunen und Entzücken über den unerwarteten Anblick konnten sie anfangs nicht reden. Sie staunten den wundersam schimmernden Baum mit starren Augen und offenem Munde unverwandt an. Der grüne Glanz der Zweige, die Lichter, die dazwischen wie Sterne schimmerten, die hochrot strahlenden Äpfel, die goldgelben Birnen, die vielen bunten und funkelnden Sachen kamen ihnen wie Zauberei vor. Sie wußten nicht, ob sie wachten oder träumten. Endlich riefen sie höchst entzückt: „O wie schön, o wie herrlich!" Franz sagte: „Einen solchen Baum, der so schön ist und im Winter so vielerlei Früchte trägt, giebt's in unserem ganzen Walde nicht!" „Ei," sagte Klara, „solche Bäume wachsen nur im Paradiese oder gar nur im Himmel. Nicht wahr, Mutter, das Christkindlein hat uns den Baum geschickt?" „So, wie er da ist," sprach die Mutter, „nun eben nicht. Indes hat doch Christus, der einst als ein Kind in der Krippe lag und nun im Himmel ist, euch diese Freude bescheert. Denn wäre er uns nicht geboren, so wüßten wir nichts von Weihnachtsfreuden und Weihnachtsgeschenken." „Nun gut," sagten die Kinder, „wir wollen ihn schon recht lieb haben und ihm recht folgen. Er ist doch gar so gut, und hat die Kinder gar so lieb. Eine solche Freude, wie er uns machte, hatte noch kein Mensch in der Welt."

Christoph von Schmid (1768–1854)

Nach der Schule meinen die Kinder, es müsse durchaus etwas Besonderes geschehen, weil Trina's Geburtstag ist, und nach langem Besinnen und Berathen kommen sie überein: sie wollen mit Trina Seifenblasen machen. Zwei Pfeifen sind noch da, und Mama schenkt ihnen einen Schilling, dafür kaufen sie noch vier. Dann wird Wasser und grüne Seife so lange geschlagen, bis es lauter Schaum ist, und nun geht der Spaß an. Jedes Kind hat eine Pfeife, die steckt es in das Wasser und bläst, was es blasen kann, bis die Schale eine so hohe Blasenperücke hat, daß es den Kindern an die Nase stößt.

XII.

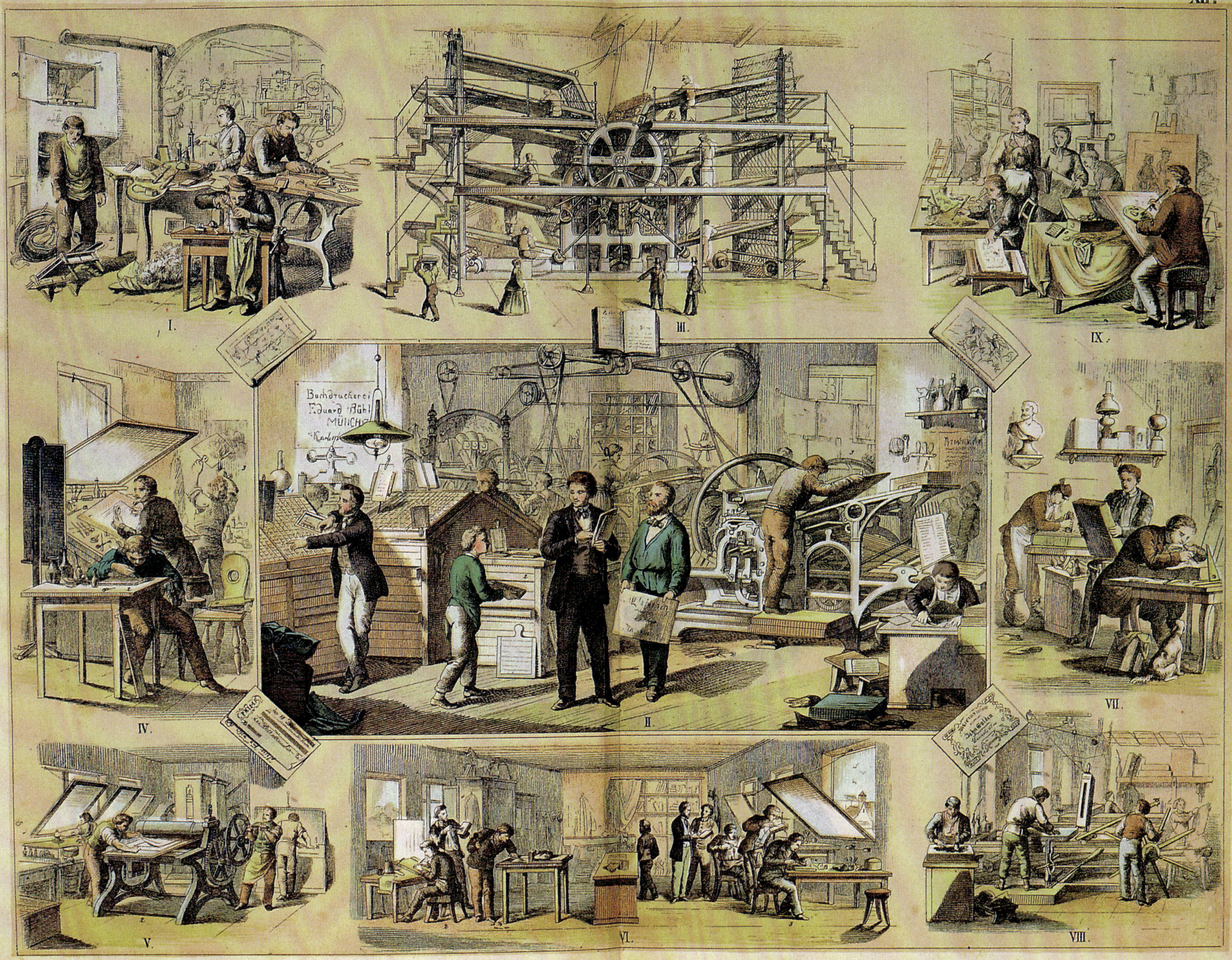

Winterfreuden

Hier sind die Jungen glücklicherweise nicht so schrecklich gesittet wie auf dem Bild Seite 67, aber auch vornehme Herrschaften nutzten die Freuden des Winters. Wenn es einen „Wintersportler" friert, so kann er sich einen warmen Tee oder einen Glühwein kaufen, wie er rechts unten feilgeboten wird.

Dann versucht jedes Kind für sich eine recht große Blase zu Stande zu bringen, und wenn eine gelingt, und die Sonne drauf scheint, daß alle die grünen, rothen, gelben und blauen Goldfarben in der Blase schwimmen und der ganze Garten sich drin spiegelt, dann ist es ein Jauchzen und Wundern und sich Freuen, bis die Blase springt und alle Herrlichkeit verschwindet. Lisbethchen macht sich ein anderes Vergnügen; die nimmt die Pfeife verkehrt herum, daß der Kopf aufwärts steht, füllt sie voll Wasser und bläst dann, daß das Wasser in lauter kleinen Blasen aus der Pfeife läuft. Karl will das nicht haben: „Du bist ein alter Verschwender," sagt er, „Du spülst all unser schönes Wasser weg." Lisbethchen läßt sich aber nicht irre machen, sie füllt ihre Pfeife und läuft damit ein wenig weiter und sprudelt wie vorher, und freut sich, wenn die kleinen Bläschen an Büschen und Blättern hängen bleiben. Karl will's ihr noch einmal wehren: da kommt Papa drüber dazu, und sagt: „Laßt doch der Kleinen ihr Vergnügen! Es ist nicht hübsch von Dir, Karl, daß Du ihr wehren willst; Ihr spielt ja nur, um froh zu sein. Seht einmal, ich will Euch etwas Neues zeigen! Macht einmal eine recht schöne Blase, aber nicht zu groß." Karl thut es. Da nimmt Papa die Cigarre aus dem Munde und bläst den Rauch durch die Pfeife in die Blase. Nun sieht sie aus, als ob sie mit Milch gefüllt sei. Karl will sie mal oben anfühlen; da springt sie und all der Rauch geht Karl ins Gesicht. Nun versuchen Papa und Vetter Adolf die Seifenblasen hoch zu heben und dann von der Pfeife abzuwerfen. Sieh, es geht, und bald fliegen, zu der Kinder großen Freude, eine Menge bald bunter, bald mit Rauch gefüllter Seifenblasen vom Winde getragen hoch in der Luft umher; ja, einige fliegen sogar übers Dach weg und die Kinder jubeln ihnen nach. Nach einer kleinen Stunde kommt die kleine Elisabeth zu Mama und sagt: „Guck, Mama, wie naß! Die Waschfrau braucht Lisbeth ihre Schürze gar nicht zu waschen." O weh! wie sieht die Kleine aus. Schuh, Strümpfe, Kleid, Überzug, alles ist vorn ganz naß. Mit den andern beiden ist's freilich nicht so schlimm, aber trocken sind sie auch nicht, und alle müssen vor dem Trinken noch wieder trocken angekleidet werden. Doch war der Spaß groß, und Mama verspricht, sie sollen bald einmal wieder Seifenblasen machen. Elise Averdieck (1808–1907)

Papa führte uns in den Garten; auf dem großen freien Platz und recht in der Mitte des Platzes war ein großer Kochtopf hingestellt,

J.F.S. i E. N^{ro} 308

Auf dem Eis

Den Herrschaften mit dem Schlitten von dem Bild auf Seite 71 begegnen wir hier wieder im Mittelpunkt auf dem Eisweiher. Im Hintergrund brechen Männer Eis, das in Eiskellern gelagert wird und später zum Kühlen von Bier und Lebensmitteln dient.

aber umgekehrt, mit den Beinen nach oben. Darauf sagte Papa: „Heute sollt Ihr ein ganz neues Vergnügen haben, ein Topfschlagen, und das ist so: Der, den die Reihe trifft, wird mit verbundenen Augen in grader Richtung dem Topfe gegenüber gestellt, bekommt einen Stock in die Hände, und muß, so gut er kann, auf das Ziel losgehen und darf dreimal nach dem Topf schlagen; schlägt er fehl, so wird er jedesmal an den früheren Platz zurückgeführt; trifft er mit drei Schlägen nicht, dann kommt ein anderer, trifft er, so bekommt er einen Gewinn."
O, wie jubelten wir vor Freude! Ich schrie vor Vergnügen, und dann sagte ich: „Lieber Papa, das ist ja Dein Geburtstag." „Ebendeshalb," antwortete er, „mache ich Euch eine Freude." Der gute Papa, das war doch zu hübsch! Wir wurden nun zu einer Bank geführt, auf der in einem Korbe alle Gewinne standen. Ganz allerliebst! Zuckersachen, Porzellanfiguren, Schreibbücher, Rechentafeln, Bleistifte, Stahlfedern, buntes Papier, Tassen und Gläser.
Nun wurde abgezählt, die Knaben sagen jetzt immer, abgemäht, und unser Vetter Wilhelm zählte so:

Ho! Ho! Ho!
Hier sind alle froh;
Einer nur ist zu beklagen,
Muß die ganze Buße tragen.
Hu! Hu! Hu!
Das bist Du! –

Otto war der erste, dem die Augen verbunden wurden, Papa that das selber, drehte ihn dann im Kreise um, gab ihm den Stock in die Hand und stellte ihn zurecht. Otto marschierte darauf los, als ob er sehen könnte, er sah aber nichts, und schlug plauz dreimal vorbei. Wir kamen alle an die Reihe; als Papa mir die Augen verband, sagte ich: „Papa, ich kann sehen!" Da sagte er: „Kleine, ehrliche Tochter!" und küßte mich. – Das ging prächtig! Wir schlugen jeden Augenblick daneben, aber gewannen am Ende doch alle hübsche Sachen. Die Knaben wurden zuletzt so sicher, daß Mama noch drei Kochtöpfe mehr hergeben mußte, und als die kaputt waren, schlugen sie nach den Scherben, denn sie konnten gar nicht aufhören, so viel Spaß machte es ihnen.
Ich gewann einen kleinen Affen von Porzellan, eine kleine Tasse, weiß mit einer Rose, und Zuckersachen. Ich hatte Schreibbücher und dergleichen gewonnen, aber das tauschten die Knaben mir ab gegen Zuckersachen; das konnte ich ihnen ja gern zu Gefallen thun und eigentlich hatte ich auch mehr Spaß daran.

Anna Stein (1792–1874)

Wintervergnügen

Bilder zum Ausschneiden und Aufstellen zeigt dieser bunte Bogen.

Julie wollte jedoch keinen Augenblick verlieren, um mit mir spielen zu können, und erfand daher ein Mittel, meine Häßlichkeit einstweilen zu rechtfertigen und zu verdekken.

„Wir wollen annehmen," sagte das liebenswürdige Kind, „daß wir eine Reise gemacht hätten: der Wagen ist umgeworfen worden, Wunderhold hat den Arm gebrochen und sich die Nasenspitze beschädigt, das wird ein jeder begreiflich finden."

Sie hing darauf ein schwarzes Band um meinen Hals und legte behutsam meinen Arm hinein, setzte mir ein Nachthäubchen auf, dessen breite Garnitur fast mein ganzes Gesicht bedeckte, mit einem Wort, alles war so sinnreich geordnet, daß man mit etwas gutem Willen mich ganz leidlich finden mußte.

An diesem Tage wurde mein Bett in den Hintergrund des Zimmers gestellt; die Kopfkissen wie das Deckbett waren weiß wie Schnee. Auf einem Tischchen, neben meinem Bette, stand eine Tasse von englischem Porzellan in der Größe eines Fingerhutes, in die Julie oft Limonade goß, welche sie immer sorgsam kostete, ehe sie mir dieselbe reichte.

Am Abend kamen mehrere Freundinnen von Julie, um mit ihr zu spielen; denn sie war ein herzensgutes Kind und von jedermann geliebt.

„Meine Damen!" begann das kleine Mädchen, „ich bin erfreut, daß Sie mich mit Ihrem Besuche beehren, doch muß ich Sie bitten, heute keinen Lärm zu machen; meine Puppe ist krank, sie hat einen gefährlichen Fall aus dem Wagen gethan, und ich fürchte ein hitziges Fieber."

„Ach", rief Bianca, die ausgelassenste von allen, „da muß man ihr schnell eine Ader öffnen! Meiner Miranda war ein gleiches Schicksal widerfahren, und ohne meine schleunige Hilfe wäre die Armste rettungslos verloren gewesen."

„Ach ja! ach ja!" riefen die Kinder einstimmig, in der Hoffnung, daß meine Krankheit sie den Abend über unterhalten und belustigen würde.

„Nur ruhig," bat Julie, indem sie auf den Fußspitzen ging, „vielleicht schläft sie jetzt."

„Hast du Vertrauen zu mir?" fragte Bianca mit wichtiger Miene.

„Großes Vertrauen, liebe Freundin," erwiderte Julie.

„So reichen Sie mir Ihren Arm, Fräulein Wunderhold. O! wie heiß er ist! das arme Kind hat heftiges Fieber. Sie bekommt sicherlich die Gehirnentzündung, wenn wir ihr nicht sogleich zur Ader lassen."

Bilder zum Ausschneiden und Aufstellen. **Wintervergnügungen.** **Les plaisirs d'hiver.** Feuilles d'images à découper.

Verlag von J. F. Schreiber in Esslingen.

„Nein, das erlaube ich nicht!" rief Julie, sich mit ausgebreiteten Armen, um mich vor der Annäherung ihrer Freundinnen zu schützen, vor mich stellend. „Ich lasse Wunderholds Arm nicht aufschneiden!"
„Was fällt dir ein, liebe Julie? Ich werde ganz gewiß nicht in Wunderholds Arm schneiden. Laß mich nur machen, ich habe kürzlich zugesehen, wie meiner Mutter eine Ader geöffnet wurde, ich weiß schon damit umzugehen."
Bianca legte mit großer Wichtigkeit Bandagen zurecht, band meinen Arm damit so fest, wie sie es vermochte, und stach dann mit einer starken Nadel in meine Haut; ein schwacher Laut wurde hörbar.
„Jetzt," fuhr unser Doktor fort, „müssen wir ihr noch ein Senfpflaster legen."
Sie nahm zwei Oblaten und klebte sie mir auf die Beine.
Dabei verhielten sich die kleinen Mädchen so verständig und geräuschlos, als hätten sie eine lebendige Kranke zu pflegen.

A. Cosmar (etwa 1807–1870)

Das Genußreichste, was Senff uns lehrte, war die Kunst, gewisse kleine trianguläre Gestalten, sonst Krähen genannt, aus Papier zu falten. Doch sollten jene Papierfiguren nach Senffs Willen nichts weniger als Krähen darstellen, mit denen sich nichts anfangen läßt, sondern vielmehr Soldaten, als welche unsere gehorsame Phantasie sie denn auch willig gelten ließ, da ihre völlig indifferente Form jedwede Deutung zuließ. Ja, unser guter Wille verbiß sich dergestalt in diese kleinen kantigen Gestalten, daß sie uns bei weitem natürlicher erschienen, als jene bleiernen Flachköpfe, die das Ansehen haben, als seien sie aus Herbarien entronnen.
Durch verschiedene Papierfarbe und kleine Veränderungen im Bruch stellten wir nun alle Waffengattungen, selbst Reiter dar, da Senff die Erfindung gemacht hatte, jene Soldaten durch eine höchst geniale allerletzte Manipulation dergestalt zu verändern und auszudehnen, daß sie ein fast transzendentales Aussehen gewannen und Pferden reichlich so ähnlich sahen als früher Menschen. Man brauchte eben nur das Fußvolk darauf zu setzen. Endlich wurden aus Federposen und Fischbeinbügeln kleine Wurfgeschütze gemacht, die für Kanonen galten und ihre Geschosse mit Vehemenz durchs Zimmer trieben.
Kaum wüßte ich, daß mir jemals irgendetwas in der Welt mehr Vergnügen gemacht hätte, als die Ausrüstung dieser Papierarmee und das Spiel damit. Wir brachten es

Wintervergnügen

Die Schlitten der Kinder sind wesentlich einfacher als unsere modernen, sonst hat sich an diesem Vergnügen nichts geändert.

Th. B

Ankleide-Puppen

Diese Ausschneidebogen waren einmal sehr beliebt, und es gibt sie auch heute noch. Die kleine Hausfrau und ihr Gast können dabei nach Bedarf und Belieben eingekleidet werden.

nach und nach ein jeder auf die ungeheure Zahl von achthundert bis tausend Mann, für deren Aufstellung wir Risse und Spezialkarten mit Kreide auf die Diele zeichneten. Wer nach zehn Schüssen die meisten Leichen hatte, verlor an seinen Grenzen, und stündlich veränderte sich die Landkarte in unserem Zimmer, wie draußen in der weiten Welt.

Wilhelm von Kügelgen (1802–1867)

Die meisten Kinderspiele des Jahres wurden von uns geübt, der Drache flog, der Mönch brummte, die Bleisoldaten marschierten auf dem Fußboden, und was die Händler, welche Spilleleute hießen, von geschnitzer Holzware an den Jahrmärkten ausstellten, wurde so lange sehnsüchtig betrachtet, bis wir davon heimtragen durften. Am liebsten aber spielten wir mit bunten Bohnen, welche nach verschiedenen Regeln in ein rundes Loch geschoben und geworfen werden mußten, denn die kleinen Kugeln von Marmor und Ton waren bei uns nicht zu haben. Auch im geheimen Verstekken übten wir uns. An einer Ecke des Hofes wurde ein tiefes Loch gegraben, die Wände sorgfältig mit flachen Steinen und Moos bekleidet und in diesem Raume vieles Gute niedergelegt, das begehrlichen Blicken entzogen werden konnte, vor allem Obst; aber auch Lore und der Hanswurst mußten sich oft gefallen lassen, in der finsteren Höhlung zu kauern. Die Öffnung wurde mit großer Kunst verdeckt, so daß sie niemand finden konnte, doch drang zuweilen eine Maus räuberisch hinein. Diese geheimen Niederlagen, welche Mauken hießen, waren ein alter Kinderbrauch, wohl noch eine Nachahmung der kriegerischen Verstecke von Proviant und Lebensmitteln in längst vergangener Zeit. Für uns war die Schwierigkeit nur, das Geheimnis zu bewahren. Dies sollte unverbrüchlich sein, jedesmal wurde feierlich darüber verhandelt und jeder Eingeweihte in die Pflicht genommen. Immer aber war das Entzücken über unser höheres Wissen so übermächtig, daß wir wenigstens die Mutter in das Vertrauen ziehen mußten. Viele Wochen vor Weihnachten sind die Knaben in emsiger Tätigkeit, denn als ein Hauptschmuck des Festes wird nach Landesbrauch das Krippel aufgestellt, Bilder der Krippe, in der das Kindlein liegt, mit Maria und Joseph, den Heiligen Drei Königen, den anbetenden Hirten mit ihren Schafen und darüber der glitzernde Stern und Engel, welche auf einem Papierstreifen die Worte halten: ‚Gloria in excelsis.' Die Figuren kauften die Kleinen auf Bilderbogen,

Bilder zum Ausschneiden und Aufstellen.

Ankleide-Puppen.

Poupées à habiller.

Feuilles d'images à découper.

VERLAG VON J. F. SCHREIBER IN ESSLINGEN BEI STUTTGART.

Nro 316

schnitten sie mit der Schere aus und klebten ein flaches Hölzlein mit Spitze dahinter, damit die Bilder in weicher Unterlage hafteten. Der heiligen Familie aber, dem Ochsen und Eselein wurde ein Papphaus mit offener Vorderseite verfertigt, auf dem Dach Strohhalme in Reihen befestigt, der Stern war von Flittergold. Das Waldmoos zu dem Teppiche, in welchen die Figuren gesteckt wurden, durften wir aus dem Stadtwald holen; dorthin zog an einem hellen Wintertage die Mutter mit den Kindern, begleitet von einem Manne, der auf einer Radeber den Korb für das Moos fuhr. Es war zuweilen kalt, und die Schneekristalle hingen am Moose, aber mit heißem Sammeleifer wurden die Polster an den Waldrändern abgelöst und im Korbe geschichtet, daheim auf einem großen Tisch zusammengefügt und an zwei Ecken zu kleinen Bergen erhöht. In der Mitte des Hintergrundes stand die Hütte, über ihr schwebte an feinem Draht der Stern, auf den beiden Seiten hatten die Hirten und Herden mit den Engeln zu verweilen. Die ganze Figurenpracht wurde durch kleine Wachslichter erleuchtet, welche am Weihnachtsabend zum ersten Mal angesteckt wurden.

Wenn die Lichter brannten und die Engel sich bei leichter Berührung wie lebendig bewegten, dann hatten die Kinder zum ersten Mal das selige Gefühl, etwas Schönes verfertigt zu haben.

Gustav Freytag (1816–1895)

Einst ward ich tief im Walde als ‚Unkas, der Letzte der Mohikaner', an einer Eiche schwer gefesselt; die wilden ‚Sioux', eine Bande von einigen zwanzig, gräßlich mit Ocker, Kalk, Teer und Eigelb tätowierten Bengels, warf mit Pfeilen, Dolchen, Tomahawks nach mir in durchaus nicht lebensschonender Weise. Aber ein Unkas erträgt eben alles mit stoischem Gleichmut! Es erschien mir aber zunächst doch als ein Glück, daß die ganze federgeschmückte Siouxbande durch einen bunten Häher oder so etwas Ähnliches in die Büsche abgelenkt wurde und mich und meine Marterqualen vergaß. Wer weiß, was sie dann weitergelockt hatte. Genug, es wurde später und später. Unheimlich fielen der Abend und die Nacht in den Wald. Ich war immer noch Unkas, meine stark gebundenen Glieder schmerzten, von Loskommen war keine Rede, und ich könnte wohl noch dort im Stengower Wald als Skelett zu finden sein, wenn nicht zufällig der Förster des Reviers des Weges gekommen wäre gegen zehn Uhr abends und mich mit ebensoviel staunen-

Weihnachten

Der Christbaum war vor hundert Jahren schon genauso schön geschmückt wie heute. Zu den beliebten Geschenken gehörten Schaukelpferd und Puppenstube, Bau- und Malkasten, aber auch militärische Ausrüstungsstücke wie Säbel, Gewehr, Trommel und Tornister (Soldatenranzen).

1883

Verlag von J. F. Schreiber in Esslingen.

Nº 701
705

Kinderspiele

Ein bunter Bilderbogen mit 4 in sich geschlossenen Abbildungen gibt Einblicke in das Freizeitvergnügen der Kinder im vorigen Jahrhundert.

dem Mitleid wie grausamem Gelächter befreite. Noch gedenke ich des Weges im Dunkeln durch den merkwürdig gespenstisch lebendigen Wald. Bald knackte es hier, bald da, bald schrie ein Vogel, huschte ein Getier durch das Unterholz. Es war mir, als leuchteten hier und da Sprühaugen aus dem Gebüsch. Es war mit einem Male sehr unheimlich, und noch weiß ich, wie ich langsam nach der schwieligen Hand des alten Försters tastete, so bange wurde mir in der undurchdringlichen Dunkelheit. Beim Annähern an das Dorf freilich kamen die Eltern, Onkels und Tanten schon mit Fakkeln angezogen, um endlich nach dem kleinen Carl zu sehen. Dieser hatte trotz der Rührung der Wiedersehensstunde jedoch nichts anderes zu tun, als schnurstracks auf den Häuptling der Sioux, Vetter Hermann, zuzuspringen und ihn vor den Augen der Welt gründlichst zu verprügeln! Ich glaube, mich machte weniger die persönliche Rücksichtslosigkeit so wütend, als der bewiesene unerhörte Mangel an Spielernst.

Carl Ludwig Schleich (1859–1922)

Das erste Buch, das ich richtig allein las – Band eins: laut nach der Lautiermethode, Band zwei: teilweise stumm, aber im Schneckentempo, Band drei: wie die letzte Quadrilletour, immer rascher und rascher – war das „Tagebuch dreier Kinder“. Ich weiß heute nicht mehr, was alles der braven Marie und ihren Brüdern passierte. Aber ich sehe noch deutlich das altmodische Format der flachen kleinen Bände, den großen Druck und die schmetterlingszarten Hosemannschen Bilder und fühle ebenso deutlich das herzklopfende Entzücken (prikkelnd, weil man doch beim Lesen eigentlich faulenzte) jener ersten Schmökerstunden.
Mein zweites selbständiges Bucherlebnis hieß „Robinson Crusoe“. Tagelang ertrank ich bei seinem Schiffbruch in einem Meer von Tränen. Bis mein guter Geist, Tante Usche, mir sagte, daß doch das ganze dicke Buch „Robinson“ hieße und ich erst auf Seite 25 wäre – was doch für Robinsons Rettung spräche! So gelangte ich denn mit ihm schließlich doch auf die Insel und verlebte eine unvergeßlich herrliche Zeit, wo ich – nicht er – Dasein, Welt und „Freitag“ erwarb. Mit dem ganzen Globus als Zugabe! Selbst die Wochen, in denen ich „Lederstrumpf“ war, lassen sich mit jenen Tagen nicht vergleichen. Hier griffen auch schon meine Eltern ein, die meine vollkommene Fortgerissenheit bei meiner sonst so erdenfesten Behaglichkeit doch ein bißchen erschreckte, und sie wählten selbst mein Fut-

Verlag von J. F. Schreiber in Esslingen bei Stuttgart.

Nro. 740.

Einrichtungsgegenstände

Die verschiedenen Einrichtungsgegenstände waren solide handwerkliche Arbeit, aus festem Holz gefertigt und mit Drechslerarbeiten verziert.

ter – in weisester Weitgespanntheit, wofür ich ihnen immer dankbar sein werde, durchaus nach dem Grundsatz, daß ein gesunder Magen viel verträgt, bloß nicht Säuglingsbrei. Und taten das Beste, was Eltern tun können, sie ließen mich allein lesen und sprachen mit mir darüber wie mit einem Erwachsenen. Nur ihre geliebtesten Bücher las die Mama mir vor, wenn ich über'm Stickrahmen seufzte.

Agnes Miegel (1879–1964)

Die üblichen Kinderbücher jener Zeit, vielleicht waren manche schon verstaubt, gingen auch durch unsere Stube. Wir erbauten uns an den frommen Erzählungen des Christoph von Schmid, hofften mit Robinson Crusoe und freuten uns über Till Eulenspiegel, traten in die antike Sagenwelt unter der Führung von Becker, in die germanische an der Hand des Ehepaares F. und Th. Dahn; ich habe in dankbarer Erinnerung naturkundliche Bände eines Schriftstellers Hermann Wagner, die „Haus und Garten“, „Feld und Wald“ oder so ähnlich hießen; ihre Lehrhaftigkeit war sehr anmutig. Aus dem väterlichen und großväterlichen Besitz war ein dicker Wälzer in unsere Verfügung geraten, ein „Orbis pictus“, der in altmodischen Stahlstichen alles Wissenswerte der Natur- und Völkerkunde, wie der gewerblichen Fertigkeiten und dergleichen darstellte, mit einem einfachen, erklärenden Text in Deutsch, Englisch, Französisch und Latein. Das Buch genoß pietätvolle Achtung. Irgendwann trat die Knabenzeitschrift „Der gute Kamerad“ in unser Leben; sein Einfluß war nicht gering. Wir gewöhnten uns an seine Sprachwelt, beteiligten uns an Preisausschreiben und Briefwechseln; durch ihn kamen wir zu Karl May, der eben begonnen hatte, der Halbgott der Jugend, und nicht bloß der Jugend, zu werden. Wir verschlangen von ihm, was erreichbar war, und abonnierten die in Heften erscheinenden neuen Werke. Er bezauberte uns. Was frugen wir nach Echtheit, nach Wirklichkeit! Es genügte, daß immer etwas los war, daß man in fremden Ländern und Sitten mit sicherer Hand geleitet wurde, daß es Käuze gab, über die man lachen konnte, Helden, für die man schwärmen durfte, Bösewichter, die man verachten mußte.

Theodor Heuss (1884–1963)

Etwas gedemütigt trat ich in den Saal; der kommenden Dinge harrend, plauderte alles mit halber Stimme durcheinander; dazu fiedelte unser Stadtmusikus mit drei seiner Gesellen. Das erste, worauf meine Augen

44 kpl

Das Sofa Le canapé
Der Staubbesen und die Schaufel
Le houssoir et la pelle
Die Wanduhr
La pendule
Die Kommode
La commode
Der Tisch
La table
Der Sessel
La chaise
Der Fußschemel
L'escabeau (m.)
Das Bett
Le lit
Der Kinderstuhl
La chaise de bébé
Der Kleiderschrank
L'armoire (f.)

1.

fielen, war in der Tiefe des Saales ein roter Vorhang oberhalb der Musikantenplätze. Die Malerei in der Mitte desselben stellte zwei lange Trompeten vor, die kreuzweise über einer goldenen Leier lagen; und, was mir damals sehr sonderbar erschien, an dem Mundstück einer jeden hing, wie mit den leeren Augen daraufgeschoben, hier eine finster, dort eine lachend ausgeprägte Maske. – Die drei vordersten Plätze waren schon besetzt; ich drängte mich in die vierte Bank, wo ich einen Schulkameraden bemerkt hatte, der dort neben seinen Eltern saß. Hinter uns bauten sich die Plätze schräg ansteigend in die Höhe, so daß der letzte, die sogenannte Galerie, welche nur zum Stehen war, sich fast mannshoch über dem Fußboden befinden mochte. Auch dort schien es wohlgefüllt zu sein; genau vermochte ich es nicht zu sehen, denn die wenigen Talglichter, welche in Blechlampetten an den beiden Seitenwänden brannten, verbreiteten nur eine schwache Helligkeit; auch dunkelte die schwere Balkendecke des Saales. Mein Nachbar wollte mir eine Schulgeschichte erzählen; ich begriff nicht, wie er an so etwas denken konnte, ich schaute nur auf den Vorhang, der von den Lampen des Podiums und der Musikantenpulte feierlich beleuchtet war. Und jetzt ging ein Wehen über seine Fläche, die geheimnisvolle Welt hinter ihm begann sich schon zu regen; noch einen Augenblick, da erscholl das Läuten eines Glöckchens, und während unter den Zuschauern das summende Geplauder wie mit einem Schlage verstummte, flog der Vorhang in die Höhe.

Theodor Storm (1817–1888)

Kinderspiele

Aus dem Jahr 1891 stammt dieser Bilderbogen.

6

VERLAG VON J. F. SCHREIBER IN ESSLINGEN BEI STUTTGART.

1891

Nro. 29.

Arm und reich

Kinderspiele

Die Illustrationen entstanden im gleichen Jahr wie die auf Seite 87.

Stadt und Land, die Arbeitswelt und die kindlichen Spiele begegnen uns auf den Bilderbogen. Die wohlhabende Bürgerfamilie ist ebenso vertreten wie der stattliche Bauernhof. Nichts dagegen erfahren wir von sozialen Gegensätzen, von Armut und Not. Die paßten nicht so recht in das Verkaufsprogramm der Bilderbogenverleger, ganz gleich, ob im Norden oder im Süden. Hier helfen uns aber die Bücher. Manchmal erzählt jemand in seinen Erinnerungen von seiner harten, entbehrungsreichen Jugendzeit, so etwa der bekannte Volks- und Abenteuerschriftsteller Karl May (1842 - 1912), der in dem kleinen Ort Ernstthal eine traurige Kindheit erlebte. Wir erfahren, wie er als Kegelbub helfen mußte, ein paar Mark für den Unterhalt der Familie zu verdienen.

Die oft geschmähten und herablassend behandelten Volksschriftsteller des 19. Jahrhunderts, die selbst häufig aus einfachen Verhältnissen kamen, versuchten immer wieder, die Not der Armen darzustellen. Schon Christoph von Schmid ergriff in seinen Erzählungen ihre Partei, und andere folgten ihm. Wenn dabei mit Vorliebe ein paar Motive aufgegriffen und häufig wiederholt wurden, so liegt das einfach daran, daß sie die Leser am stärksten beschäftigten, weil sie in der eigenen Familie, bei Verwandten und Bekannten verhältnismäßig häufig damit konfrontiert wurden. Der Tod der Eltern und das Schicksal der Waisen bewegten die Gemüter ganz besonders, und sie tauchen deshalb auch häufig in Erzählungen auf. Die Leser werden mit den sozialen Spannungen zwar konfrontiert, doch nur selten in anklagender Form. Für die Erzähler gibt es einige immer wieder anwendbare Lösungsformeln. Entweder gelingt es den Helden der Geschichte durch Fleiß und Tüchtigkeit das eigene Los zu verbessern oder sie leben in bescheidener Selbstbeschränkung, sind zufrieden mit dem ihnen von Gott in der Gesellschaft zugewiesenen Los. Wohlhabende Kinder sollen nicht überheblich, sondern vielmehr hilfsbereit sein, dann dürfen sie auch mit ruhigem Gewissen den elterlichen Wohlstand genießen. Alte, abgelegte Kleider schenkten sie den armen Kindern, die dafür sehr dankbar waren. Kritische Untertöne werden in den Erzählungen dagegen nur ganz selten einmal angeschlagen, Spannungen und Ungerechtigkeiten kaum klar herausgearbeitet.

Der evangelische Pfarrer Friedrich Wilhelm Oertel (1798–1867) schrieb unter

VERLAG VON J. F. SCHREIBER IN ESSLINGEN BEI STUTTGART.

1891

Nro 28.

Auf dem Wochenmarkt

Damals wie heute kamen die Bauersfrauen vom Lande in die Stadt, um ihre Waren feilzubieten. Kinderspielzeug wurde das ganze Jahr über in den Ständen verkauft.

dem Namen O. W. von Horn zahlreiche Kinderbücher und Volkserzählungen, von denen seine Geschichten aus der „Spinnstube“ auch heute noch lesenswert sind. Einer dieser Geschichten von einem armen Scherenschleiferjungen ist der kleine Abschnitt vom Tode der Mutter entnommen. Und wie es Waisenkindern ergehen konnte, erzählt Isabella Braun (1815–1886), die Tochter eines schwäbischen Gutsverwalters, die erst Lehrerin wurde und später, angeregt durch Christoph von Schmid, zahlreiche Jugenderzählungen verfaßte, die gern gelesen wurden.

Gustav Nieritz (1795–1876), ein Lehrer aus Dresden, zählt ebenfalls zu den von der Kritik gern etwas geringschätzig behandelten und als Vielschreiber verschrieenen Autoren. Sicher hat er im Laufe seines langen Lebens viele und nicht immer besonders gute Erzählungen geschrieben, aber manche von ihnen geben ein treffendes Bild der sozialen Verhältnisse, für die Nieritz stets viel Verständnis aufbrachte. Die Not im Erzgebirge, von der er aus eigenen Kenntnissen erzählt, war besonders groß. Es ist die gleiche Gegend, aus der auch Karl May in seinen Erinnerungen und in den „Erzgebirgischen Dorfgeschichten“ berichtet. Der Ausschnitt aus der kleinen Erzählung „Neunerlei“ von Franz Dinnebier ist der einmal sehr beliebten und viel gelesenen Jugendzeitschrift „Österreichs Deutsche Jugend“ entnommen. Sie liefert ein Musterbeispiel für jene Geschichten, in denen Armut und Not durchaus richtig erkannt, zugleich aber auch Bescheidenheit und Mäßigung geprägt werden, schildert der Autor doch einen Weihnachtsabend in einer armen Köhlerfamilie und erzählt vom „Festessen“, das der Vater dem kleinen Sohn bereitet.

Für eine Hohensteiner Schankwirtschaft wurde ein gewandter, ausdauernder Kegelaufsetzer gesucht. Ich meldete mich, obwohl ich keine Übung besaß, und bekam die Stelle. Da habe ich freilich Geld verdient, sehr viel Geld, aber wie! Durch welche Qualen! Und was habe ich noch außerdem dafür geopfert! Der Kegelschub war ein vielbesuchter, zugebauter und heizbarer, so daß er zur Sommer- und zur Winterszeit und bei jeder Witterung benutzt werden konnte. Es wurde täglich geschoben. Von jetzt an hatte ich keine freie Viertelstunde mehr, besonders auch keinen Sonntagnachmittag. Da ging es gleich nach der Kirche los und

Kinderfest

Szenen aus einem der auch heute noch beliebten Kinderfeste zeigt dieser Bilderbogen.

dauerte bis zur späten Abendstunde. Der Haupttag aber war der Montag, denn dieser war der Tag des Wochenmarktes, an dem die Landbewohner zur Stadt kamen, um ihre Erzeugnisse zu bringen, ihre Einkäufe zu machen und – last not least – eine Partie Kegel zu schieben. Aus dieser einen aber wurden fünf, wurden zehn, wurden zwanzig, und es kam an diesen Montagen vor, daß ich mich von Mittags zwölf Uhr an bis nach Mitternacht zu schinden hatte, ohne auch nur fünf Minuten ausruhen zu können. Zur Stärkung bekam ich des Nachmittages und des Abends ein Butterbrod und ein Glas abgestandenes, zusammengegossenes Bier. Es kam auch vor, daß ein mitleidiger Kegler, welcher sah, daß ich kaum mehr konnte, mir ein Glas Schnaps herausbrachte, um meine Lebensgeister anzuregen. Ich habe mich ob dieser übermäßigen Anstrengungen daheim niemals beklagt, weil ich sah, wie notwendig man das, was ich verdiente, brauchte. Der Betrag, den ich da wöchentlich zusammenbrachte, war gar nicht unbedeutend. Ich bekam pro Stunde ein Fixum und außerdem für jedes Honneur, welches geschoben wurde, einen festbestimmten Satz. Wurde nicht gespielt, sondern frei gewettet oder gar hasardiert, so bekam dieser Satz eine doppelte oder dreifache Höhe. Es hat Montage gegeben, an denen ich über zwanzig Groschen nach Hause brachte, dafür aber vor Müdigkeit die Treppe zu unserer Wohnung mehr hinaufstürzte als hinaufstieg.

Karl May (1842–1912)

Es war eben um die Martinizeit. Schon blies der Wind gar scharf und kalt und trillte die gahrenden Dachfahnen, und Regen und Schnee stritten um die Herrschaft in den Lüften. Gerade um diese Zeit begann auch der Konfirmandenunterricht. Eines Tags, als ich recht ergriffen von dem Lehrworte heimkam, klagte mein Mütterchen, ihr sei nicht wohl. Ich wollte den Doktor holen, allein sie widersprach und meinte, es sei am Ende nur eine arge Verkältung, die sie so matt und weh mache. „Wenn der Mensch seinen Tod vorher wissen könnte," sagte sie am andern Tage, „so würde ich denken, der meine sei nicht fern. Nun, wie Gott will!" – Bei diesen Worten ergriff mich eine unaussprechliche Angst. Die Tränen kamen mir unwillkürlich in die Augen, und ich eilte ohne weiteres zum Doktor, aber nicht zu dem langen, dürren, sondern zu einem alten, ehrwürdigen Manne, der uns nahe wohnte. Er kam. Auf seine Anordnung mußte sich das Mütterchen zu Bett legen. Ich gab mei-

Bilder zum Ausschneiden und Aufstellen.
Kinderfest.
La fête des enfants.
Feuilles d'images à découper.
Verlag von J. F. Schreiber in Esslingen bei Stuttgart.
Nº 322.

Landarbeit im Herbst

Alles mußte mit der Hand erledigt werden: Das Hopfenzupfen, das Flachsbrechen (im Hintergrund) und die Kartoffelernte. Dafür brannten zum Vergnügen der Kinder auf fast jedem Felde Kartoffelfeuerchen, in deren glühender Asche die Kartoffeln gegart werden konnten.

ne Schule mit Erlaubnis des Pastors auf und pflegte sie nach bestem Wissen und Können.

Am Abend mußte ich ihr aus dem Habermännchen Gebete lesen, und dann rief sie mich an das Bett, küßte mich und sagte: „Habe immer Gott vor Augen und im Herzen; wandle vor ihm und sei fromm, und sein Segen wird dich begleiten. Gedenke an ihn in allen deinen Wegen, so wird er dich recht führen!" Dann legte sie ihre Hand segnend auf mein Haupt und betete lange stille. Mir brach schier das Herz.

Darauf legte sie sich nieder, lächelte mich an und schloß das Auge. Ich wollte bei ihr wachen, um das Feuer zu unterhalten. Oft horchte ich, wie sie schliefe. Ihre Brust hob sich leicht, und ich hoffte, der Schlaf werde sie stärken. Gegen Mitternacht übermannte auch mich, der ich vor ihrem Bett saß, der Schlaf. Mein Haupt sank auf das Bett und – es war heller Tag, als ich erwachte. Sie lag noch so still und ruhig da, wie am Abend. Um sie nicht zu wecken, schlich ich auf den Strümpfen umher. Als sie sich aber gar nicht rührte, ergriff mich eine entsetzliche Angst und Furcht. Ich wußte nicht, was ich tun sollte. Endlich schlich ich ans Bett, berührte ihre Hand, und – sie war eiskalt.

O. W. v. Horn (1798–1867)

Die Margaret und der Veit von Buchheim waren arme Waisenkinder, ohne Vettern und Basen, wenigstens meldeten sich keine nach dem Tode der Eltern, wie es im Gegenteil oftmals zu geschehen pflegt, wenn reiche Leute sterben, von denen eine Erbschaft zu erwarten ist. Da geschah eine Art Wunder: Die reiche Hieselbäuerin, die als geizig verrufen war, erbot sich, die Margaret anzunehmen, und der Ortshirte Rochus erbarmte sich des Veit. Die Leute lobten anfangs die Hieselbäuerin höchlich und sagten: „Über die ist der Heilige Geist gekommen!" (denn es war bald nach Pfingsten). Doch um Weihnachten herum klang es bereits anders; es hieß spöttisch, mit der Barmherzigkeit sei's eben nicht weiter her als von Buchheim nach Holzingen, wohin es nur eine Viertelstunde war und woselbst die Bäuerin das Schmalz und die Butter an die Schloßherrschaft absetzte, wenn diese zur Sommerzeit dort wohnte. Die Margaret war nämlich schon ein recht kräftiges Mädchen, brauchbar zu allerlei, dabei sanft und geduldig wie ein Lamm, das sich scheren läßt, ohne viel Lärm zu schlagen. „Ein aus Erbarmen angenommenes Kind braucht man nicht absonderlich gut zu kleiden, da tun's abgelegte Gewänder, und von einem Lohn kann auch die Rede nicht sein."

Verlag von J. F. Schreiber in Esslingen.

No. 775.

Im Dorf

Eine ländliche Idylle ist auf diesem Blatt in bunten Farben dargestellt.

So sagten die Nachbarn, und wenn sie es auch nicht hätten sagen sollen, so hatte man doch nicht alles erfunden, und das Gretel war nichts weniger als zu beneiden. Obgleich sie schon morgens um 5 Uhr die Augen am Brunnen ausgewaschen und das Haar glatt gekämmt hatte, während die Dienstboten sich nochmals im Bett umdrehten, war die Hieselbäuerin doch mit nichts zufrieden, was Gretel auch immer tun mochte. Den ganzen Tag über jagte sie das Kind hin und her und ließ ihm keine Minute Ruhe. So ging's den ganzen Tag über bis zur Nacht. „Denn", sagte sie, „ich bin verantwortlich für die Erziehung Gretels; es hat kein Geld und Gut zu hoffen, dafür muß es um so brauchbarer werden; bei meiner Stasi ist's ganz 'was anderes."
Margaret hatte allerdings noch viel zu lernen; da gab's beim Unterricht Scheltworte, da gab's Püffe nach rechts und links. Wenn die abgetragenen Kleider der Stasi, die das Waisenkind von ihr erbte, ein Loch bekamen, mußte sie ganz allein Schuld daran sein; sie waren ja erst drei Jahre alt! Beim Essen wunderte sich die Bäuerin, von was doch Gretes Magen so groß geworden sei. Ja, jetzt käme es endlich auf, daß bei ihren Eltern weiter keine Not geherrscht habe; sie könne akkurat so viel essen wie das Staserl. Diese aß jedoch zwischen den Mahlzeiten in der Milchkammer, wo die frische Butter stand, und schleckte aus dem Honigtopf. Seit die Margaret im Haus war, machte sich's die Stasi bequem und ließ sich bedienen. Sie übertrug jede Arbeit „der Angenommenen" und mochte höchstens bei schönem Wetter das Flachsleinen hüten.

Isabella Braun (1815–1886)

Auch im Vogtlande war Winter. Sonst sagt man von hohen Bergen, daß sie sich gen Himmel erhöhen; hier aber war es gerade umgekehrt; der graue, schwere Schneehimmel senkte sich auf die Berge hernieder. Diese deckte, wie die Täler und Wälder, ein tiefer Schnee, der die Eigenschaft böser Hunde und Wölfe angenommen hatte, indem er die ihn Messenden in die Füße biß. Der Winter schien überhaupt vieles beißig und stechend gemacht zu haben, zum Beispiel die Luft, welche den Leuten in die Nase und Finger biß, und das feine Schneegestöber, welches in die Augen und Wangen gleich scharfen Nadelspitzen stach. Auch die Hände und mit ihnen zugleich die Finger der Stickerjule hatte der böse Winter dermaßen verwundet, daß sie davon blaurot, aufgeschwollen, ja auch aufgegangen waren, was natürlich nicht ohne große

Feuerwehr

Feuerwehrmänner gehörten zu den beliebtesten Ausschneidefiguren. Links der Übungsturm, in dem gleichzeitig die Wasserschläuche getrocknet werden, oben eine Handpumpe. Rechts ein Rettungsschlauch. Er wird in das gefährdete Stockwerk eingehängt und unten von Feuerwehrmännern gehalten, damit gefährdete Personen darin sicher nach unten rutschen können.

Schmerzen abging. Die Sticknadeln der Jungfrau hatten dabei gute Zeit und ruheten, wie die Murmeltiere in ihrer Winterhöhle, einmal recht lange in ihrem Nadelbüchschen von der täglichen Anstrengung aus. Dafür hatte aber auch der Jungfrau Magen die eben nicht erfreuliche Aussicht, ebensolange wie jene nichts zu tun zu bekommen. Wenn aber ein Glied leidet, so leiden bekanntlich die andern mit. Nun standen mit dem Magen der Stickerjule noch zwei ebenso große und fünf kleinere Magen in verwandtschaftlicher Verbindung, nämlich die des Webers, seiner Frau und seiner fünf Kinder; daher ein gemeinsames Zwangfasten vorzusehen war, wurde nicht in Zeiten dagegen vorgebaut. In dieser löblichen Absicht hatte, da die schmerzenden Finger, trotz aller Anstrengung der Stickerjule, die Nadel nicht mehr halten, noch weniger handhaben konnten, die Jungfrau ihre fast vollendete Arbeit zu einer zweiten Schwester getragen, welche jenseits der Grenze und kaum einige hundert Schritte von dem Grenzpfahle entfernt wohnte, an einen Handarbeiter verheiratet war und gleichfalls dem Sticken oblag. Diese hatte auch bereitwillig übernommen, die letzte Hand ans Werk zu legen.

Der Leser sieht die ihm schon bekannte Hütte auf dem Bergabhange liegen. Sie ist fast bis ans Dach in den Schnee begraben, welcher, um dem Tageslichte den Zugang zu verschaffen, in einer Breite von etwa drei Ellen von den Fenstern weggeschaufelt ist. Da nun auf allen vier Seiten Fenster sich befanden, so war ein Gang um das Haus gebildet worden, dessen Schneeboden etwa noch eine Viertelelle Höhe besaß. An dem einen Fenster der Stube rechts vermißte man den Weberlieb vor dessen Webstuhle, den ein andrer, zwar jüngerer Weber in Besitz genommen hatte. Das war ein böses Zeichen! Und in der Tat war es kein gutes, daß Weberlieb, statt vor seinem Weberstuhle zu sitzen, in der andern Stube, und obendrein im Bette hinter dem großen Kachelofen lag, wo er abwechselnd schwitzte, fror, hustete, keuchte und – zankte! Denn die auszehrenden Leute sind in der Regel ärgerlich und können sich über eine Fliege an der Wand erbosen. Als Fliegen, und zwar als solche, die bei dem Herannahen des Winters erst stillsitzen, dann lange Beine machen, weiße Ringe um den Leib bekommen und endlich sterben, hockten des Webers fünf Kinder still und betrübt in den Winkeln der Stube umher. Sie sollten und durften sich kaum rühren und leise zueinander zischeln, geschweige denn ihre Freude über die gefror-

Bilder zum Ausschneiden und Aufstellen. **Feuerwehr.** **Corps des sapeurs-pompiers.** Feuilles d'images à découper.

VERLAG VON J. F. SCHREIBER IN ESSLINGEN BEI STUTTGART

Nro. 336.

Berufsfeuerwehr

Die Berufsfeuerwehr der Großstadt war schon moderner ausgerüstet als die freiwillige Feuerwehr. Sie verfügte über Dampfspritzen, mechanische Leitern und konnte sogar Taucher einsetzen.

nen Blumen an den Fenstern oder über die rauchende Kartoffelschüssel laut werden lassen. Gustav Nieritz (1795–1876)

Was nur heut' die reichen Leute alles essen werden! 's ist zwar ein Fasttag, aber die essen eben ihr Fleisch, wenn's auch von Fischen kommt, und allerhand gute Dinge, was weiß ich!" meinte sie und rührte die Einbrenne ins brodelnde Wasser, in dem die Schwammscheiben einen lustigen Tanz aufführten. „Meine Mutter," fuhr sie dann fort und hob den schweren Topf von den Platten, „meine Mutter sagte immer, am Heiligen Abend müsse man neunerlei essen, das bringe Glück fürs ganze Jahr."
„Neunerlei!" echote Seppl verwundert und schier andächtig. Wie konnte es nur sovielerlei zu essen geben! Er kannte nur Erdäpfel und Suppe und Suppe und Erdäpfel, zwischenhinein ein Stück Schwarzbrot und an hohen Festtagen einen Bissen Fleisch. „Hätt' ich nur auch einmal neunerlei!"
„Na wart', Bub'," fiel da der Köhler ein, rieb sich mit dem steifleinenen Handtuche kräftig die Nässe ab und fuhr mit Behagen in die saubere Wäsche, „wart' Bub', du kriegst heut' neunerlei zu essen, so wahr ich der Kohlenbrenner Martin bin und niemals flunkere!"
„Aber, Mann, sei so gut und red' dem Buben etwas ein, was nicht werden kann! Möcht' gern wissen, wo du bei den teuren Zeiten neunerlei hernehmen wolltest. Ist allweil vom einerlei nicht viel im Kasten," tadelte die Frau und trug die Suppe auf. Sie schmeckte gut, aber der kleine Seppl dachte doch bei jedem Löffel an das Neunerlei und hatte nicht die richtige Freude am Essen. Deshalb war er auch froh, als sich in der gemeinsamen Schüssel der Boden zeigte und der Vater endlich den Löffel weglegte.
„Mag sich erst setzen!" meinte er und stopfte sein kurzes Köhlerpfeifchen, „dann aber gibt's neunerlei!" Wohl eine halbe Stunde qualmte er stillvergnügt vor sich hin, indes die Frau den Tisch abräumte und Seppl ungeduldig hin und her rutschte. Dann legte er das Pfeiflein in die Fensterecke und ging hinaus. Es dauerte nicht lange, so kam er mit einer Schüssel gekochter, kalter Kartoffeln herein und setzte sich an den Tisch. Neugierig rückte Seppl näher und wartete gespannt der Dinge, die da kommen würden. Jetzt nahm der Köhler sein Schnappmesser und schnitt die geschälten Kartoffeln scheibenweise in einen Teller.
„Also Seppl, zähl' gut an den Fingern!" wandte er sich zu dem Buben und rief laut: „Einerlei!"

Bilder zum Ausschneiden und Aufstellen.

Berufs-Feuerwehr

Feuilles d'images à découper.

Gesetzlich geschützt. J. F. S. i. E. Nr. 384
Printed in Germany

Schiffahrt

Vom Ozeanriesen bis zum Fischerkahn zeigt dieser bunte Bilderbogen die Welt der damals modernsten Technik.

Dann holte er eine Zwiebel und zerkleinerte sie ebenfalls, wobei dem Jungen die hellen Zähren über die Wangen liefen. Mit dem Rufe: „Zweierlei!“ streute er die Stücklein auf die Kartoffelscheiben.
Hierauf gab er Essig, Öl und Salz dazu, der Bub' mußte „dreierlei, viererlei und fünferlei“ sprechen und hielt die fünf Finger einer Hand weit gespreizt voneinander. Darnach zog er einen Hering ab, der schon über den Tag gewässert hatte, damit er nicht zu salzig sei, und schnitt ihn unter das Gemisch, hierauf einen großen Apfel und Seppl brauchte zwei weitere Finger und zählte: „Sechserlei, siebenerlei.“
Zuletzt schnitt er für jeden ein tüchtiges Stück Brot los und strich Butter darauf, zur Ehre des Tages und der kleine Knirps hatte jetzt nur einen einzigen Finger übrig, mit dem er unmöglich die Schnitte halten konnte. Also brachte er die Hände wieder in Ordnung. „Achterlei, neunerlei!“ murmelten seine Lippen, „richtig neunerlei!“
„Na also,“ sprach der Köhler, langte tüchtig zu und die anderen taten desgleichen, „na also, da haben wir's heute wie die großen Leute. Wer weiß, ob's denen so schmeckt wie uns!“ Die Köhlerin nickte bestätigend und Seppl schnalzte vor Vergnügen mit der Zunge.
Franz Dinnebier

Die Alltagswelt der Bürger begegnet uns auf vielen Bilderbogen, die „Höhere Gesellschaft“ der Reichen und des Adels dagegen lernen wir zur Abrundung unserer Eindrücke am besten wieder einmal aus den Büchern kennen. Wie streng es in manchen vornehmen Familien zuging, erfahren wir aus den Kindheitserinnerungen der großen österreichischen Erzählerin Marie von Ebner-Eschenbach (1830–1916). Sie sind eines der schönsten Zeugnisse adligen Alltagslebens im alten Österreich. Ottilie Wildermuth (1817–1877), die in ihren einst vor allem bei Mädchen sehr beliebten Erzählungen gern das Motiv vom armen, elternlosen und im Stich gelassenen Kind aufgriff und sich auch mit behinderten Kindern und ihren Schicksalen beschäftigte, erzählt, welche Aufregung der Besuch der „Herrschaft“ in einem Dorf auslösen konnte.
Noch eine Stufe höher in der gesellschaftlichen Ordnung führen Thekla von Gumpert (Thekla von Schober, 1810–1897) und Tony Schumacher (1848–1931). Beide erlauben ihren jungen Leserinnen einen Besuch in der „Residenz“, die sie dank ihrer gesellschaftlichen Verbindungen aus eigener Anschauung kannten. Das Leben beim Prinzeßchen, dem Töchter-

Der Leuchtturm
Le phare
Das Fischerboot
La barque de pêcheur
Der Kompaß
La boussole
Das Fernrohr
Le télescope
Der Luftballon
Le ballon aérostatique
Der Taucher
Le plongeur
Der Schwimmgürtel
La ceinture de natation
Das Segelschiff
Le voilier
Das Dampfschiff
Le bateau à vapeur
Das Fluß-Dampfschiff
Le bateau de rivière
Der Anker
L'ancre(f).
10.

Schiffe und Leuchtturm

Links oben ein schwerfälliges Panzerschiff, das in dieser Art nicht lange eingesetzt wurde. Unten eine Mischung aus Segelschiff und Schaufelraddampfer.

chen eines regierenden Fürsten, von denen es ja bis zum Ende des Ersten Weltkrieges noch ein gutes Dutzend in Deutschland gab, interessierte die Leserinnen natürlich brennend, und man könnte fast sagen, daß solche Geschichten damals bei Mädchen ebenso beliebt waren wie heute manche Pferdebücher. Und so erfahren wir, welche Puppen ein Prinzeßchen besaß und wie es bei einer Kindergesellschaft zuging. Der erste Text stammt aus dem im vorigen Jahrhundert besonders beliebten Jahrbuch für kleinere Mädchen „Herzblättchens Zeitvertreib", das Thekla von Gumpert regelmäßig herausbrachte, der zweite aus „Reserl bei Hofe". Tony Schumacher erzählt hier von einem kleinen Mädchen, das als Spielgefährtin einer Prinzessin in die Residenz geholt wird, sich aber dort nur schlecht zurechtfindet, bis es endlich die Zuneigung der Prinzessin gewinnt. Der letzte Text von Clementine Helm (1825–1896) steht, wie schon der Titel des Buches besagt, dem er entnommen ist, stellvertretend für eine ganze Gattung. „Backfischchens Leiden und Freuden", 1863 erschienen, zeichnet die Welt, wie sie heranwachsende Mädchen liebten. Es war die Welt der „höheren Bürgertöchter", für die Teenager von damals eigens erzogen werden mußten und die in dem Glück gipfelte, dank eben dieser Erziehung eine „gute Partie" zu machen und dann als brave Hausfrau in jener Welt zu leben, die man als kleines Mädchen schon in den Bilderbogen bewundert hatte.

Wir betraten immer nur in corpore die Zimmer Papas zum Guten-Morgen- und zum Gute-Nacht-Sagen. Damals war nur ein Flügel an das Schloß angebaut; in dem befand sich unsere Wohnung. Die Papas lag am andern Ende der langgestreckten Front. Ihre Zimmer mündeten auf einen geschlossenen Gang, den wir täglich zweimal durchwanderten . . .
Auf dem Wege zu Papa begleitete uns die Kinderfrau und wartete im Vorzimmer auf unsere Rückkehr.
Wenn wir in der Frühe bei unserem Vater eintraten, saß er an seinem Schreibtisch, mit dem Rücken gegen die Tür, hatte große Wirtschaftsbücher vor sich liegen, rechnete und schrieb. Wir wurden meistens freundlich empfangen, küßten ihm eines nach dem andern die Hand, beantworteten seine Frage: „Seid's brav?" immer bejahend und so auch bald die darauffolgende: „Ist die Pepi da? Gut also, also geht."

Bilder zum Ausschneiden und Aufstellen. **Schiffe und Leuchtturm.** **Vaisseaux et phare.** Feuilles d'images à découper.

Verlag von J. F. Schreiber in Esslingen.

No 313.

Der Bauplatz

Wie es im vorigen Jahrhundert auf der Baustelle eines Hauses zuging, zeigt dieser bunte Bogen.

Manchmal durfte er in seiner Arbeit nicht unterbrochen werden. Da hieß es: „Seid ruhig, wartet." Man wartete, rührte sich nicht und hatte Zeit, sich mit schüchterner Neugier im Zimmer umzusehen. Es kam mir größer vor als alle anderen im Hause, und jeder Gegenstand darin hatte etwas Eigentümliches und erregte mein ganz besonderes Interesse. Wie merkwürdig war schon der Lüster, der an vergoldeten Ketten von der Decke niederhing! Eine flache, mattgrüne, mit Arabesken aus Bronze geschmückte Schale. Aus ihr heraus streckten sich sechs magere, sehnsüchtige Arme und trugen in ihren Händen tulpenförmige kleine Urnen, aus denen vergilbte Wachskerzen emporragten. Einen sehr ernsten Eindruck machten die schwarzen Möbelgestelle, der umfangreiche, schwarze Schreibtisch und die Schwärze der ganzen Gesellschaft von Schränken und Etageren . . .

Und nun galt's, wie Papa befohlen hatte, mich allein in sein imponierendes Bereich zu begeben. Mama begleitete mich bis zur Schwelle des Eingangszimmers, blieb dort stehen und machte mir, als ich mich nach einigen Schritten umwandte und ihr Lebewohl zuwinkte, ein Zeichen, vorwärts zu gehen und anzuklopfen. Ich tat's, und: „Herein!" tönte es mir laut und barsch entgegen. Ein ermutigender Empfang wurde mir nicht zuteil. Papa reichte mir zwar die Hand zum Kusse, ließ aber vom Moment meines Eintretens an fortwährend seinen Blick forschend und streng auf mir ruhen und fragte endlich: „Was ist dir denn? Was machst du für ein Gesicht? Mir scheint, du fürchtest dich. Du hast ein schlechtes Gewissen. Wer kein schlechtes Gewissen hat, fürchtet sich nicht."

Nun war das Unglück fertig.

Nun mußte ich ja überzeugt sein, daß ich ein ganz elendes Gewissen hatte, denn wahrhaftig, ich zitterte vor Angst.

Marie von Ebner-Eschenbach
(1830–1916)

Nachmittags war im Dorf große Bewegung und die Straße stand voll Leute; der gnädige Herr vom Schlößlein drüben sollte mit seiner neuen Frau und vielen Gästen auf Schlitten durchs Dorf kommen. Sie hatten geglaubt, der Neckar werde fest genug gefroren sein, um die Fahrt auf Schlitten hinüber wagen zu können; dem war aber nicht so, und die Fergen hielten das große Wagenschiff bereit, um sie hinüberzufördern.

Ein großer Schlitten war im Dorfe eine seltene Erscheinung, da gewöhnlich hier der Neckar den Schlittenfahrten ein Ziel setzte;

20. Der Bauplatz.

Wasser

Wir sehen Wasserpumpen auf dem Lande (I), Springbrunnen (II), Löscharbeiten der Feuerwehr (III), Fischfang (IV), Taucher und Taucherglocke (V), eine große Schiffswerft (VI), Markierungszeichen am Meeresufer (VII) und die Rettung Schiffbrüchiger mit der Hosenboje und dem Raketenapparat (VIII und IX).

drum war alt und jung in Bewegung, da man auch neugierig war, den jungen Herrn Baron wiederzusehen.

Die Voreltern des Barons hatten freilich eine größere Bedeutung für die Dorfbewohner gehabt, ihnen hatte das Dorf mit einigen anderen der Gegend zu eigen gehört; jetzt hatte der junge Baron nur noch einige Rechte, den Besitz des Schlößchens und der schönen Güter, die dazu gehörten; aber er war doch immer noch eine wichtige Person für die Bauern, die ihn unter sich hatten aufwachsen sehen; die alte gnädige Frau war sehr gut gegen die Armen gewesen, und man freute sich, das lang verschlossene Herrenhaus endlich wieder geöffnet zu sehen.

„Sie kommen! sie kommen!" schrieen atemlos ein paar Knaben, die vors Dorf hinaus der Schlittenfahrt entgegen gegangen waren und nun mit den Pferden in die Wette hereinsprangen.

Unter lustigem Schellengeklingel, mit mutigen Rossen bespannt, fuhren drei elegante Schlitten, mit Tiger- und Bärenfellen bedeckt, durchs Dorf; man erkannte den jungen Herrn an der freundlichen Höflichkeit, mit der er ringsum grüßte; auch die Dame neben ihm in dem weißen Pelz, dem blauen Samthut mit wehenden Federn verneigte sich freundlich; ihr Gesicht aber konnte man nicht recht sehen, da sie es mit einem feinen blauen Schleier vor dem Wind geschützt hatte.

Am Neckarufer gab es zum großen Vergnügen der Zuschauer einen langen Aufenthalt; ein Teil der Herren und Damen wollten aussteigen und sich im Kahn übersetzen lassen, indes man die Schlitten langsam auf dem Wagenschiff überfuhr.

Während die anderen mühselig und langsam aus ihren Umhüllungen krochen, schlüpfte die junge Baronesse gewandt aus dem warmen Fußsack und hüpfte aus dem Wagen; die Bewunderung der Kinder, die mit aufgesperrten Mäulern zusahen, wurde durch die zierlichen Atlasstiefelchen, mit weißem Pelz besetzt, aufs höchste gesteigert.

Ottilie Wildermuth (1817–1877)

In der Stadt, in welcher meine Eltern in einer hübschen, aber einfach eingerichteten Wohnung lebten, war ein großes, schönes Schloß; darin wohnte eine Fürstenfamilie. Die Fürstin-Mutter wurde Königliche Hoheit genannt; denn sie gehörte zur preußischen Königsfamilie, da sie eine Tochter des Prinzen Ferdinand, des Bruders Friedrichs des Großen, war, von dem in der Weltge-

II.

schichtstunde viel erzählt wird. Die Fürstenfamilie war reich, nämlich an Kindern; es waren sechs Kinder da, vier Prinzen und zwei Prinzessinnen. Die Prinzessinnen hießen Elisa und Wanda.

Eines Tages führten mich meine Eltern in das Schloß; denn ich war damals ein Herzblättchen, und die Fürstin-Mutter suchte für ihr Herzblättchen Wanda eine Gespielin, und sie hatte meine Eltern gebeten, mich einmal zu ihr zu bringen. Prinzeß Elisa war kein kleines Kind mehr, sondern schon eine erwachsene Dame, als ich zuerst in das Schloß kam.

Wir beiden kleinen Mädchen wurden gleich in Wandas Stube allein gelassen; da standen wir einander sehr verlegen gegenüber und sprachen lange Zeit kein Wort; aber ich sah mich ganz erstaunt in der Stube um; denn solch eine Kinderstube hatte ich noch niemals gesehen. Da saßen auf einem Sofa eine ganze Menge kleiner Kinder, alle in einfachen Kleidern und Kittelchen, Mädchen und Knaben; neben ihnen stand ein etwas größerer Bursche, der war in Livree als kleiner Diener gekleidet. Diese große Kinderschar sprach auch kein Wort; denn sie bestand aus Puppen, aus wunderschönen Wachspuppen; auch der stramme, kleine Livreediener war eine Puppe . . .

Alle Puppen des Prinzeßchens Wanda, sowohl die Knaben, wie die Mädchen, waren Herzblättchen, wie sie selbst. Nur der kleine Diener im Tressenrock war etwas größer; er war beauftragt, wie eine gute Kinderfrau auf die Herzblättchen zu achten. Diese Herzblättchen hatten liebliche, freundliche Kindergesichter; Arme und Beinchen waren von Wachs; übrigens hatten die Puppen Gelenke; darum konnten sie gut sitzen; der kleine Diener aber hatte keine Gelenke und stand ganz stramm auf seinen Beinchen.

Von allen diesen Kindern war Wanda die Mama, und sie blieb ihre Mama, solange sie mit Puppen spielte; diese Mutterrechte ließ sie sich nicht nehmen; ich dachte auch nie daran, mich als ihre Mama zu benehmen, sondern ich war die Tante. So waren wir viele Jahre Gespielinnen.

Die Fürstin-Mutter freute sich, wenn wir recht vergnügt waren; sie sah es auch gern, daß wir die Puppen alle wie kleine Kinder behandelten; Wanda war somit im Spiel unter Kindern. Die Fürstin hatte es ganz mit Bedacht vermieden, ihrer Wanda Puppen in Staatskleidern zu geben; sie wollte ihr Töchterchen kindlich erhalten.

Wanda empfing viel Unterricht; die Mutter aber gab ihr jeden Morgen eine Religionsstunde, der auch die viel ältere Prinzeß Eli-

Bergbau

Der Abtransport der geförderten Kohle erfolgt hier mit den einfachsten Hilfsmitteln. Rechts hinten eine Ziegelbrennerei.

28. Der Bergbau.

Holz

Die Bilder I bis III zeigen das Schlagen und den Abtransport der Stämme mit Gleitschlitten und Flößen. Das Bild IV erlaubt einen Blick in ein Sägewerk, das Bild V in eine Möbelschreinerei und das Bild VI in eine Holzbildhauerwerkstatt, in der auch Holzspielzeug hergestellt wird. Auf Bild VII werden Kegel gedrechselt, Bild VIII zeigt fertige Drechslerarbeiten, Bild IX eine Bauschreinerei, Bild X die Herstellung von Musikinstrumenten und Bild XI eine Büttnerei, in der Fässer gefertigt werden.

sa immer beiwohnte. Ich ging in eine Mädchenschule; erst nach Schluß des Unterrichts wurde ich in das Schloß geführt, Sonntags aber schon vor dem Mittagessen. Das Mittagbrot aß man im Schloß nach vier Uhr; so war ich zu diesen Mahlzeiten auch schon dort. Nach Tisch begann unser Spiel, zuweilen aber hatte ich noch eine Unterrichtsstunde mit Wanda. Wir spielten gewöhnlich Schule; alle Puppen mußten lernen; auch der Bursche im Tressenrock gehörte zu den Schulkindern. Als wir schreiben gelernt hatten, schrieb ich in ganz kleine Heftchen Geschichten für die Wachsherzblättchen. Aber wir spielten nicht bloß mit der kleinen Gesellschaft, wir kochten auch. Wanda hatte Kochgeschirr, ein kleines Tafelservice von Porzellan und einen kleinen Silberkasten mit Messern, Gabeln und Löffeln.

Thekla von Gumpert (1810–1897)

Um vier Uhr wurden die Gäste erwartet, und sie kamen alle pünktlich zu Fuß und zu Wagen, mit Gouvernanten und Bonnen. Im Vorplatz stand es voll von kleinen Galoschen, denn es regnete, und die Lakaien nahmen all die seidengefütterten Mäntelchen ab, die Hüte und Tücher. In Prinzeßchens Salon wurden die Kinder von Baronin Leitner empfangen, und Prinzessin Isabella gab jedem die Hand. Dann wurde Resi vorgestellt, und sie schüttelte herzlich all die Hände und freute sich über die verschiedenen niedlichen kleineren und größeren Gäste.

„Wenn doch die Geschwister auch dabei wären!" mußte sie von neuem denken. Die Gouvernanten setzten sich auf Stühle im Kreise herum, und Tante Marianne gab sich dann große Mühe, mit allen Kindern zu sprechen. Sie fragte sie alles Mögliche, machte kleine Scherze, schlug ihnen Spiele vor; aber es war richtig so, wie das Prinzeßchen vorher gesagt hatte. Die meisten antworteten fast nur mit ja und nein und sahen sich verlegen an, wie vom Spielen die Rede war. Die Baronin war ihnen eben doch eine zu große Respektsperson, deswegen waren auch alle Augen auf sie gerichtet, und das machte, daß keines sich so gab, wie es war. Ja, wenn das Prinzeßchen angefangen hätte! Das wußte aber ebenso wenig, was es tun sollte, und sowie es in Verlegenheit war, grub sich die finstere Falte zwischen seine Augen, und es sah dann gar nicht liebenswürdig aus . . .

Resi blickte unruhig von einem zum andern. Die Situation war ihr so peinlich. Ihr warmes Herz hätte so gerne gehandelt. Sie sag-

I

II.

III.

IV.

V.

VI.

VII

VIII.

IX.

X.

XI.

Eisenbahnzug

Auf den alten Dampflokomotiven mußte neben dem Lokführer stets auch ein Heizer mitfahren, der vom Kohlentender aus die Feuerstelle unter dem Kessel der Lokomotive mit Brennstoff versorgte. Die Personenwagen hatten noch drei Klassen: 1. Klasse war die Plüsch-, 2. Klasse die Polster- und 3. Klasse die Holzklasse.

te zu dem Prinzeßchen: „Vielleicht wenn sie sehen würden, daß wir recht vergnügt sind, wären sie's auch?" Aber dieses antwortete: „Sei du's nur – ich will sehen, ob es mir behagt."
Resi fiel es auch gar nicht leicht, denn sie war im Grunde ja auch schüchtern, aber sie überwand sich nun doch und mischte sich unter die fremden Kinder, die eben befangen ihren Tee tranken. Sie fing mit den Kleinen an, die in ihren hellen Kleidern und bunten Schärpen so niedlich aussahen, kniete vor sie hin, fragte nach ihren Namen, und ob sie Geschwister hätten. Dann nahm sie den Gästen, die nicht wußten, wo damit hin, da und dort eine leere Tasse ab oder fragte sie, ob sie in eine Schule gingen, ob sie auch schon die Tiere im zoologischen Garten gesehen hätten, und ob sie beim Herkommen nicht naß geworden seien. Die Kinder waren so froh über diese Fragen! Resi gegenüber antworteten sie gar nicht nur mit ja und nein, es waren sehr nette, gescheite kleine Mädchen darunter, und ehe eine Viertelstunde vergangen, war der Bann gebrochen, und die Kinder wurden heiter und natürlich. Das Prinzeßchen hatte eine Zeitlang zuwartend und etwas mißtrauisch zugesehen. Resi war immer wieder zu ihr geeilt, um ihr zu sagen, wie nett die und die von den Mädchen seien, wie herzig der kleine Axel Wrede spreche und wie drollig die Miezel Lauffenburg. Dann hatte die junge Hausherrin sich doch nach und nach genähert, und als Resi wie zu Hause alle möglichen Spiele vorschlug: Ringspiel, Der König geht auf Reisen, und als die Baronin erlaubte, daß man Scharaden aufführen dürfe, da machte das Prinzeßchen mit Wonne mit.

Tony Schumacher (1848–1931)

Der lebhafte Verkehr, den Tante Ulrike mit allen ihren Bekannten unterhielt, und die häufigen Gesellschaften, in welchen sie nun auch mich mit einführte, verursachten mir Anfangs große Angst, und gaben Anlaß zu gar mancher Rüge von meiner lieben Tante Anstand. . .
Wir waren in einer glänzenden Abendgesellschaft bei Präsident Römers. Ich stand, wie gewöhnlich, neben meiner Freundin Marie, die mir hier, wie überall, ein Retter in der Not war, denn ich kannte in der zahlreichen Gesellschaft fast keine Seele weiter. Ziemlich gelangweilt blickte ich im Saale umher und musterte die elegante Menge. Plötzlich aber blickte ich freudig auf. „Ach Marie, sieh doch, da ist der Dr. Hausmann aus F., der hat Papa kürzlich besucht!" rief

Bilder zum Ausschneiden und Aufstellen. **Eisenbahn-Zug.** **Train.** Feuilles d'images à découper.

VERLAG VON J. F. SCHREIBER IN ESSLINGEN BEI STUTTGART.

Verkehrsmittel

Die Zukunft hat begonnen! Nicht nur in der Art der Bilderbogen, sondern auch bei den dargestellten Verkehrsmitteln. An die Stelle des Postwagens und an die des Planenfuhrwerks sind der Autobus (hier letzter Schrei: Mit Oberdeck) und das Lastauto getreten. Das Zeppelin-Luftschiff schien als Beförderungsmittel große Zukunft zu besitzen, während die „Aeroplane" noch eine reichlich sportliche Angelegenheit waren.

ich hoch erfreut, und zeigte mit dem Finger nach einem großen blonden Herrn, der mitten unter andern Gästen stand. „Den muß ich begrüßen! Wie wird er sich wundern, mich hier zu sehen!"
Schnell wollte ich von Marie's Seite fort und zu Dr. Hausmann hinüber, als ich meiner Freundin Hand fest auf meinem Arm fühlte. „Halt, Gretchen!" rief sie leise, mich zurück ziehend. „Erstens zeige um Himmels Willen nicht mit den Fingern nach jemand, das ist schrecklich unanständig, und dann muß ich dir sagen, es geht doch wirklich nicht an, daß du den Dr. Hausmann jetzt anredest, wo er mitten unter den andern Herren steht, du müßtest dich ja mit Gewalt zwischen diesen hindurch drängen um zu ihm zu gelangen!"
„Ach das ist wahr, daran hatte ich gar nicht gedacht!" sagte ich betreten.
„Überhaupt," fuhr Marie fort, „kennst du denn den Herrn so genau, daß du ihn zuerst begrüßen willst? Er ist wohl ein guter Freund eures Hauses?"
„Nein, ich habe ihn nur ein einziges Mal bei uns gesehen, er kam in Geschäften zu Papa, und blieb den Nachmittag bei uns!" erwiderte ich etwas befangen. „Aber da ich die Leute hier so wenig kenne, so freue ich mich darauf, mit ihm von Schreibersdorf zu sprechen, das bringt ihn mir viel näher, als all' die andern Herren, die weder meinen Papa noch irgend jemand von zu Haus kennen."
„Weißt du was, Gretchen, wenn du ihn nicht näher kennst, so warte, bis er dich begrüßt!" sagte Marie. „Dann schickt es sich wirklich nicht anders! Denn wenn er dir auch dadurch interessant wird, daß er die Deinen kennt, so bist du es ihm doch vielleicht viel weniger, sonst hätte er dich wohl schon angesprochen."
Wie immer, mußte ich auch hier meiner weisen Marie Recht geben, doch verdroß es mich gewaltig, daß ich für den jungen Herrn, der mich so lebhaft interessierte, gar nicht zu existieren schien. Aber lange sollte mein Zorn nicht anhalten, denn bald bemerkte ich, wie sich der Herrenknäuel entwirrte, und mein blonder Herr Doctor juris rasch auf mich zugeschritten kam.

Clementine Helm (1825–1896)

Bilder zum Ausschneiden. Verkehrsmittel. Moyens de communication. Images à découper.

Gesetzlich geschützt. J. F. S. i. E. Nr. 386
Printed in Germany

Ader öffnen Ader lassen	Der Aderlaß wurde früher von den Ärzten übertrieben angewandt. Dazu öffneten sie meist in der Armbeuge eine Vene des Patienten und entnahmen ihr eine größere Menge Blut. Das sollte Erleichterung verschaffen.
akkurat	genau.
Alpelschule	Hier: Private kleine Schule in dem Ort Alpel in der Steiermark.
Amtsrevisor	Beamter, der mit der Überwachung und Überprüfung eines Amts beauftragt war.
Arabeske	Ornament in arabischer Art, rankenförmige Verzierung.
Backfisch	Früher volkstümliche Bezeichnung für junges Mädchen, entspricht dem heutigen Teenager.
Baumöl	Olivenöl.
Blechlampetten	Kleine reflektierende Schutzschilder für die Bühnenbeleuchtung.
Bonne	Kindermädchen, Kinderwärterin.
„Borgs bis Martini!“	Zahlbar erst an Martini (11. November).
Dahn, F. u. Th.	Felix und Therese Dahn „Walhall. Germanische Götter- und Heldensagen“.
Dechant	Katholischer Geistlicher, Vorsteher eines Kirchensprengels (Sprengel = Amtsgebiet).
Doctor juris	Doktor der Rechtswissenschaften.
dritter Klasse	Früher die Abteile mit hölzernen Bänken in der Bahn.
Einbrenne	In Fett geröstetes Mehl zum Verdicken von Suppen.
Erdäpfel	Kartoffeln.
Etagere	Stufenförmiges Gestell, Bücherbrett.
Federposen	Aus den Schwanz- und Flügelfedern der Gänse hergestellte Schreibfedern.
Ferge	Fährmann.
Fischbeinbügel	Stäbchen aus Fischbein, d.h. aus den hornartigen Rachenplatten des Bartenwals.

Fixum	Fester Satz für Bezahlung.
Flachsleinen hüten	Die zum Bleichen ausgelegte Leinwand bewachen.
Freitag	Der eingeborene Gefährte Robinsons in dem Roman „Robinson Crusoe“ von Daniel Defoe.
Fuß	Längen- bzw. Höhenmaß von regional verschiedener Länge zwischen 0,28 und 0,33 Meter.
Galoschen	Überschuhe aus Gummi.
Gänsespiel	Altes Würfelspiel zum Vorrücken mit schneckenförmig angeordneter Feldfolge.
Gesindestube	Wohn- bzw. Aufenthaltsraum für Knechte und Mägde.
„Gloria in excelsis (deo)“	Ehre sei Gott in der Höhe.
Gnom	Kobold, Zwerg.
Gouvernante	Mädchenerzieherin in vornehmen Häusern.
Groschen	Kleine Münze mit regional unterschiedlichem Wert von 8 bis 12 Pfennigen.
Guschen	Sprich: Gus-chen. Norddeutsche Koseform für Gustchen (Auguste).
Habermännchen	Titel eines volkstümlichen Gebetbuches des lutherischen Theologen Habermann, der sich selbst Avenarius nannte (erstmals 1567 erschienen).
hasardieren	Ein Glücksspiel machen, d.h. alles aufs Spiel setzen.
Herbarium	(Mehrzahl: Herbarien) Sammlung gepreßter Pflanzen.
Herold	Ausrufer.
Herzblättchen	Kosename für kleine Mädchen. Danach wurde auch ein beliebtes Jahrbuch für Mädchen „Herzblättchens Zeitvertreib“ betitelt.
Holtentüffeldeern	Plattdeutsch: Mädchen mit Holzschuhen.
Honneur	Das Umwerfen der mittleren Kegelreihe.

Hosemannsche Bilder	Der Maler Theodor Hosemann (1807 - 1875) war ein bekannter und beliebter Kinderbuchillustrator.
in corpore	In Gesamtheit = gemeinsam.
indifferent	unbestimmt.
Infanterie	Fußtruppe.
Ingwer	Die aus Südostasien stammende Wurzel der Ingwerpflanze dient als Gewürz und Magenmittel.
Johannisbrot	Hülsenfrucht des Johannisbrotbaums. Aus der getrockneten süßen Frucht wurde Sirup bereitet.
Kalmus	Die Wurzel der Kalmuspflanze dient als Magenmittel und Arzneizusatz.
Käsplatz	Käsekuchen.
kategorischer Imperativ	Ein von dem Philosophen Immanuel Kant aufgestelltes ethisches Gesetz (Gebot für sittliches Verhalten).
Kavallerie	Reiterei.
Kelleresel	Kellerassel. Zur Familie der Ringelkrebse gehörendes Ungeziefer, das vor allem in Kellern, an Mauern und unter Brettern lebt.
Kinzigstrand	Kinzig = Nebenfluß des Rheins, der im Schwarzwald entspringt und bei Kehl mündet.
Kommissionen	Aufträge zur Besorgung eines Geschäfts.
Kreuzer	Ursprünglich kleine Silbermünze, später in Süddeutschland und Österreich kleine Scheidemünze im Wert von etwa 2 Heller.
Lakai	Herrschaftlicher Diener in Livree (s.d.).
Lautiermethode	Ein Wort oder einen Text nach Lauten zergliedern.
Lederstrumpf	Beiname eines Trappers, die Hauptfigur der fünf „Lederstrumpf-Romane“ von J. F. Cooper.
Leichdörner	Plattdeutsch: Hühneraugen.

Livree	Uniformartige Dienerkleidung.
Logierfrau	Vermieterin.
Lohkäse	= Lohkuchen. Die ausgepreßte Lohe (gemahlene Fichten- und Eichenrinde zum Gerben), die als Brennmaterial verwendet wird.
Lüster	Kronleuchter, großer Deckenleuchter.
lütten	Plattdeutsch: klein.
Mangel	Die Wäschemangel (Wäscherolle) diente vor allem früher zum Glätten (Plätten) großer Wäschestücke, die dabei durch zwei Walzen hindurch gepreßt wurden.
Ofenraum	Kleines Gelaß, von dem aus die Öfen geheizt werden konnten, damit sie nicht vom Zimmer aus geschürt werden mußten.
Orbis pictus	Die nach dem 1658 erschienenen O.P. (= gemalter Erdkreis) des Johann Amos Comenius benannten Anschauungs- und Realienbücher für die Jugend.
Pensionat	Privates Erziehungs- und Schülerheim für Mädchen.
Phlegma	Trägheit.
Pompadour	Eine nach der Gräfin Pompadour benannte kleine, beutelartige Damenhandtasche.
Prünellen	Brunelle, Pflanzenart von der Gattung der Lippenblütler mit violetten Blüten, die in ganz Europa, besonders in den Bergen vorkommt.
Quadrilletour	Munterer, von vier Personen getanzter Tanz.
Radeber	Schubkarre.
Reester	Plattdeutsch: Flicken.
Rietenspliet	Plattdeutsch: Tunichtgut.
Salpeter	Salz der Salpetersäure; hier: Kalksalpeter.
Scharade	Silbenrätsel. Hier: Gesellschaftsspiel, bei dem jeweils einzelne Wortteile oder Silben durch lebende Bilder dargestellt werden, wobei dann das gesamte Wort zu erraten ist.

Schilling	Ältere deutsche Münze mit regional unterschiedlichem Wert zwischen 8 und 12 Pfennigen.
Schmid, Christoph von	Sehr erfolgreicher und bekannter schwäbischer Kinderbuchautor (1768 - 1854).
Schwamm-scheiben	In Scheiben geschnittene, getrocknete Waldpilze.
Sechsel	Sechser. Halber Silbergroschen im Wert von 6 Pfennigen.
Senfpflaster	Pflaster mit einem Teig aus gepulvertem Schwarzen Senf und warmem Wasser. Dient als hautreizendes, ableitendes Mittel.
Sextaner	Schüler der ersten Gymnasialklasse.
söte	Plattdeutsch: süß.
Tagebuch dreier Kinder	Ungemein beliebtes Kinderbuch von A. Stein, das 1852 erschien und bis zum Ende des 19. Jahrhunderts viel gelesen wurde.
Tomahawk	Indianisches Wurfbeil.
transzendental	Die sinnliche Wahrnehmung überschreitend.
Tresse	Litze (schmale Schnur oder Band) als Kleiderschmuck.
triangulär	dreieckig.
trillen	drehen.
Troß	Anhang.
Unkas	Figur aus dem Indianerroman „Der letzte Mohikaner“ von J. F. Cooper
Voreltern	Vorfahren, Ahnen.
Wagenschiff	Große Fähre zum Übersetzen von Wagen.
Wagner, Hermann	Hermann Wagners „Entdeckungsreisen in . . .“ erschienen Ende des 19. Jahrhunderts in sechs Bändchen im Verlag O. Spamer und waren besonders wegen ihrer reichhaltigen Ausstattung bei der Jugend geschätzt.
Zähren	Tränen.

Quellen-verzeichnis

Elise Averdieck: Karl und Marie, Hamburg 1851.

Isabella Braun: Was eine treue Schwester wert ist. In: Gesammelte Erzählungen Bd. 12, Donauwörth o.J.

A. Cosmar (d.i. Antonie Klein): Schicksale der Puppe Wunderhold, Berlin 1839.

Georg Christian Dieffenbach: Kirchweih in Franken. In: E. Weber (Hrsg.): Stadt und Land, München 1923.

Franz Dinnebier: Neunerlei. In: Österreichs Deutsche Jugend 29 (1912).

Marie von Ebner-Eschenbach: Meine Kinderjahre, Berlin 1907.

Ilse Frapan (d.i. Ilse Levin): In der Kellerwohnung. In: E. Weber (Hrsg.): Stadt und Land, München 1923.

Gustav Freytag: Erinnerungen aus meinem Leben, Leipzig 1899.

Thekla von Gumpert: Aus Tante Theklas Kinderjahren. In: Herzblättchens Zeitvertreib 37, Glogau o.J.

Heinrich Hansjakob: Aus meiner Kinderzeit, Heidelberg 1880.

Friedrich Hebbel: Meine Kindheit, Hamburg 1903.

Wilhelmine Heimburg: Ottos Ferienreise. In: Gartenlaube-Bilderbuch, Leipzig 1890.

Clementine Helm: Backfischchens Leiden und Freuden, Leipzig 1863.

Theodor Heuss: Vorspiele des Lebens, Tübingen 1953. Abdruck mit freundlicher Genehmigung der Deutschen Verlagsanstalt Stuttgart.

O. W. von Horn (d.i. Wilhelm Oertel): Die Spinnstube, Frankfurt 1846 ff.

Wilhelm von Kügelgen: Jugenderinnerungen eines alten Mannes, Leipzig 1899.

Karl May: Mein Leben und Streben, Freiburg 1910.

Agnes Miegel: Kinderland, Leipzig 1930. Abdruck mit freundlicher Genehmigung des Eugen Diederichs Verlages München.

Gustav Nieritz: Der arme Geigenmacher und sein Kind. In: Ausgewählte Volkserzählungen, Leipzig o.J.

Robert Reinick: Märchen-, Lieder- und Geschichtenbuch, Bielefeld-Leipzig 1905.

Emmy von Rhoden: Der Trotzkopf, Stuttgart 1885.

Ludwig Richter: Lebenserinnerungen eines deutschen Malers, Frankfurt 1885.

Peter Rosegger: Waldheimat, München o.J. Abdruck mit freundlicher Genehmigung des Verlages L. Staackmann, München.

Agnes Sapper: Das erste Schuljahr. Stuttgart o.J. Abdruck mit freundlicher Genehmigung des Verlages Gundert Bad Aibling.

Heinrich Scharrelmann: Piddl Hundertmark, Berlin 1912. Abdruck mit freundlicher Genehmigung des Kindt-Verlages Karlsruhe.

Carl Ludwig Schleich: Besonnte Vergangenheit, München o.J. Abdruck mit freundlicher Genehmigung des Rowohlt Verlages Reinbek.

Christoph von Schmid: Der Weihnachtsabend. In: Schriften Bd. 9, München 1883.

Tony Schumacher: Reserl am Hofe, Stuttgart o.J. Abdruck mit freundlicher Genehmigung.

Josephine Siebe: Im trauten Winkel, Stuttgart o.J. Abdruck mit freundlicher Genehmigung.

Johanna Spyri: Heidis Lehr- und Wanderjahre, Gotha o.J.

Anna Stein (d.i. Margarete Wulff): 52 Sonntage oder Tagebuch dreier Kinder, Berlin o.J.

Theodor Storm: Pole Poppenspäler, Braunschweig 1899.

Ottilie Wildermuth: Bärbels Weihnachten. In: Aus Schloß und Hütte, Stuttgart 1861.

Wilhelm Wundt: Erlebtes und Erkanntes, Stuttgart 1920. Abdruck mit freundlicher Genehmigung.

Inhalt